El peso del vacío

Heber Snc Nur

EL PESO DEL VACÍO

El peso del vacío
Segunda edición, publicada en Lima, en enero de 2023
Primera edición, Sexta Fórmula, Chiclayo, 2020

© 2023, Heber Snc Nur
© 2023, Grupo Editorial Caja Negra S.A.C.
Jr. Chongoyape 264, Urb. Maranga - San Miguel, Lima 32, Perú
Telf. (511) 309 5916
editorialcajanegra@gmail.com
www.editorialcajanegra.com.pe

Producción general: Claudia Ramírez Rojas
Dirección editorial: Laura Gómez Rojas
Diagramación y diseño de cubierta: Karim Garrido Velapatiño
Asistente de diagramación de interiores: Marianela Garrido

Ilustración de portada: Diego Herrera @diarifer

ISBN: 978-612-5071-88-0
Hecho el Depósito Legal en la Biblioteca Nacional del Perú n.° 2023-00256

Impreso en Aleph Impresiones S. R. L.
Jr. Risso 580, Lince, Lima - Perú
Teléfono: 634 7500
Impreso en enero de 2023

*Para todos aquellos que comprendieron que el olvido no existe
y optaron por convertir sus recuerdos en arte o refugio,
pero nunca en un arma.*

Índice

LA VERSIÓN DEFINITIVA
Nota del autor

Querido lector:

La primera vez que le puse punto final a este libro tenía veintiún años. Era el año 2018, pero no fue sino hasta el 2020 que pude por fin publicarlo. Contiene varios textos que publiqué desde 2017 hasta este 2022, algunos de los cuales vieron la luz bajo la firma de Dashten Geriott. A estas alturas de mi vida, no es un secreto que él y yo seamos la misma persona, ese es un tema del que hablo más y mejor en *La ciudad de los recuerdos*. Lo cierto es que, como todos mis libros, *El peso del vacío* ha sufrido una serie de cambios desde la primera vez que lo imprimí, allá por el 2019. Quiero pensar que la versión que tienes en tus manos será la definitiva, al menos en lo que respecta al contenido.

Esta nueva edición se presenta con más textos y con algunas erratas corregidas. En algunos poemas exploro temáticas que antes no había tocado, y en buena parte de ellos abordo mis temas predilectos de una manera distinta. Eso es lo que caracteriza a este libro. Pienso que aquí he logrado marcar cierta distancia entre el Heber quinceañero que escribió su primer poema, y el Heber de hoy más maduro —aunque igualmente cándido y apasionado para asuntos del corazón— que le puso punto final. Siempre voy a considerarme un novicio en el arte, no por una cuestión de autodesprecio, sino por un anhelo de superación constante. En todos estos años he comprendido que, si hay algo seguro en la escritura, es que uno nunca deja de aprender, nunca deja de conocer, de encontrar belleza y poesía ahí donde no parecía haberlas, y asimila esa capacidad de percepción para poder plasmarla en letras. El resultado que tienes en tus manos me hace sentir orgulloso y pienso que es digno de merecer tu tiempo.

Te preguntarás: «¿Por qué *El peso del vacío*?». Verás, los sentimientos, por su naturaleza abstracta, no pueden verse ni tocarse; es decir, su existencia, a pesar de ser evidente, es vacía, y son nuestras muestras de afecto, nuestras lágrimas, nuestro corazón cuando late más fuerte, nuestro estado de ánimo, etc., las expresiones por las que se manifiestan.

Pero cada una de estas expresiones también nos trae pesar. Si hablamos de sentimientos, habremos de abarcar a todos, y la soledad, la constante búsqueda de pertenencia, la nostalgia, la tristeza, son sentimientos que más han estado presentes en mi vida. Con esto no te digo que los textos que encuentres aquí serán en su mayoría tristes; digo que, para bien o para mal, esos sentimientos son los que más poemas me han inspirado, logrando así poder vestirlos de palabras para, finalmente, plasmarlos en un libro que pueda tocarse y sentirse; es decir, dotar su naturaleza abstracta de algo tangible, en forma de tinta y papel.

Hay también otro significado. El vacío es eso: ausencia. Y en mi caso, ausencia de emociones y sentimientos o, mejor dicho, de alguien que los inspire. En los últimos años he escrito textos románticos sin estar enamorado, textos tristes sin estar triste, y es esa ausencia de motivación, tal vez, la que ha ido creciendo en mí hasta sumergirme en un bloqueo creativo que ha durado bastantes meses y del que apenas estoy emergiendo. Es por eso que varios de mis textos, a pesar de sentirse tan reales e íntimos, son en realidad pura fantasía sin dedicatoria; más un ejercicio creativo que experiencias vividas, más ficción que realidad. El vacío es la ausencia de motivación, la ausencia de una persona que me inspire, y el peso viene a ser la necesidad de escribir, con vacío o sin él. Varios de esos textos sin dedicatoria pueblan las páginas de este libro, y este significado es mucho más personal que el anterior.

Pero, al final y, después de leer todas estas páginas, espero que seas tú quien encuentre un mejor significado para el título, y creo que será igualmente válido, pues este libro es mío porque yo lo he escrito, pero es tuyo también por el amor que vas a darle.

Quiero que sepas que este libro es tu amigo y será incondicional. No tendrá horarios ni exigencias; te recibirá cuando quieras acudir a él en tus ratos libres y seguirá contigo, aunque lo confines a un lugar de tu estantería por varios días, sin leerlo. Te abrazará cuando más lo necesites, vendrá a ti con la palabra correcta, con la frase exacta; vestirá tus sentimientos y les pondrá color a tus días grises de soledad y pérdida. Cuando la ciudad parezca demasiado grande, ahí estará como refugio; cuando algún amor te hiera el alma, ahí estará como acompañante; cuando no veas más horizonte que plazas desiertas, y tus ojos se acostumbren a la oscuridad líquida de las noches en vela, sé que encontrarás una palabra entre estas páginas que te devolverá el aliento. No te prometo que este libro será una cura, pero sí que estará contigo hasta que sanes.

Hoy escribo también para decir que estoy agradecido. Con Dios, con mis padres, con mis hermanos, con mis amigos, con mis musas y contigo. Con Dios, por haber puesto en mí esta pasión por la escritura y que pienso llevar conmigo para siempre. Con mis padres, por apoyarme de manera significativa, por ser la parte más elemental de mi carrera y porque todo lo bueno que pueda tener se los debo a ellos. Con mis hermanos, porque, aunque no lo sepan, han alimentado la experiencia de mi vida con su sola existencia. Con los pocos amigos que tengo, porque su compañía, sus risas y sus ocurrencias me han rescatado más de una vez de ese pozo oscuro y profundo al que muchas veces la soledad me empuja. Con las musas que he tenido, por haber llegado a mi vida, hacerme feliz, dolerme, emocionarme e ilusionarme al punto de convertirse en el motor de las palabras que en algún momento inspiraron. Obviamente, sin ellas no habría escrito libros, y los que hubiera escrito no serían tan grandes. Y contigo, porque me lees, porque aprecias lo que escribo, porque haces que esta actividad tenga un sentido y me permites llegar a tu alma, a ese rincón donde están tus sentimientos aguardando que mis letras les pongan nombre y apellido. Gracias por sentir, por soñar, por vivir con mis escritos.

Sinceramente, espero que disfrutes de cada una de las páginas que vas a leer. Sé que te brindarán gratos momentos de lectura. Si este libro llega a gustarte, no dudes en recomendarlo, pues así me estarás ayudando a que mi arte sea más conocido y pueda continuar haciéndome un lugar en este exigente, pero apasionante mundo de la literatura.

Te mando un abrazo desde este rincón del mundo.

Heber Isúi Sánchez Nunura,
14 de abril, 2022

Golpe del destino

El café donde la vi por primera vez todavía abre sus puertas cada tarde como si el tiempo apenas hubiese pasado. Las mesas siguen ahí, el dependiente detrás de la barra, los mismos mozos, incluso el mismo letrero en la fachada principal sigue dando la bienvenida a los nuevos clientes. Una tarde, cuando ya no quería ni podía huir de los recuerdos, me detuve frente a la puerta del establecimiento y me asaltó la idea de que ese era el mismo día de hace años, cuando ingresé a aquel lugar sin imaginar que mi vida cambiaría para siempre. Subí los escasos peldaños de la entrada e ingresé para encontrar el lugar desierto. No había ninguna persona.

Contemplé por un instante aquel espectáculo de mesas y sillas vacías que aguardaban la llegada de los clientes que se escurrían entre el gentío al otro lado de las ventanas. De fondo sonaba esa música hermosamente triste que siempre ponen en lugares como aquel. Elegí la misma mesa desde donde la vi, quizá porque aún no había aprendido a alejarme del masoquismo, y al rato una señorita de uniforme se acercó y me ofreció la carta. Hice el mismo pedido sin mirarla y esperé.

Eché un vistazo a la mesa donde la recordaba leyendo, la luz del atardecer cincelando sus facciones. Quise creer que ella estaba ahí, perdida en su libro, sumida en su mundo. Quise creer que, nuevamente, solo era cuestión de incorporarme y acercarme. La imagen del café se desdibujó en un retazo de recuerdo que hacía años almacenaba en mi memoria y que ahora volvía a materializarse colocando a los clientes en su sitio, a la camarera dando saltos de una mesa a otra, toda aquella escena envuelta en una bruma de murmullos y tintineos de metal y porcelana. Vi a la gente platicar, dedicarse sonrisas y saludos, completamente ajena a nosotros. Un instante después, el sonido de unos pasos acercándose hizo añicos aquel instante y me despertó. La señorita se acercaba con el pedido y lo depositó en la mesa con extrema delicadeza. Una vez se hubo apartado, cerré los ojos y me perdí en el aroma que desprendía la taza que acababa de traerme. Incluso el café me trajo de vuelta los recuerdos.

Cuando me disponía a llevarme la taza a los labios, la puerta de la entrada se abrió y vi que ingresaba una chica. Se acercó directamente a la barra e hizo un pedido, al parecer para llevar. La reconocí por el cabello; ya no era pelirroja. Esperó pacientemente ahí, mientras yo no dejaba de preguntarme si acaso era posible tamaña coincidencia y que, de serlo, si aún me quedaba un ápice del mismo valor que tuve la primera vez para hablarle. Mi conciencia se dividió en dos partes —siempre me ocurre en este tipo de casos—: una me decía que fuera tras ella, que no tenía nada que perder; la otra, la más poética, decía que era mejor aceptar la resignación y evitar arriesgarme a abrir viejas heridas que ya no conducían a nada. Para no quedar mal con ninguna, decidí esperar aquel bendito golpe del destino que tantas veces he visto intervenir en las películas: que ella me mirara primero.

Pasó un minuto y, entonces, un par de clientes entró al local y tomó asiento a una de las mesas. Pasó otro minuto e ingresaron más clientes; luego otro y otros. Casi todos venían en pareja. En ninguno de los cinco minutos que le llevó al dependiente preparar el pedido, ella se volvió para verme. La señorita de uniforme ahora trajinaba entre las mesas, ofreciendo la carta y entregando pedidos. La gente comenzó a romper el silencio hipnótico enmascarado hasta hacía unos momentos únicamente por aquella música tenue. Cuando el dependiente detrás de la barra le tendió el pedido, la vi pagar el consumo y dirigirse a la salida. Quise ponerme de pie, pero me pesaba todo el cuerpo. Vi la taza que había dejado enfriar en mi mesa y me la llevé a los labios. No tenía sabor. El local se había llenado y yo comenzaba a sentirme vacío. Minutos después, cancelé mi cuenta y escapé al aire frío y cortante de la ciudad. De camino a la salida me sorprendió mi reflejo en un espejo sobre el marco de la puerta: un hombre vencido ya, viviendo aún de falsas esperanzas.

Recuerdo que no volví a casa por el mismo camino y que me perdí entre los rincones de aquel laberinto tramado de sombras y calles que poblaba la ciudad. Me volví un extraño entre extraños, una sombra entre tinieblas, persiguiendo el rastro invisible de su ruta, porque ya no conocía la ciudad que ahora ella había embrujado con su ausencia. El rostro de las calles no era el mismo. La voz del tráfico, del paso de la gente en aquella atmósfera invernal de una urbe que parecía tener vida propia, ahora me resultaban más ajenos que nunca. Luego, cuando por fin comprendí que no había más lugar al que huir y que aquella guerra contra mi nostalgia iba a perderla de manera irremediable, decidí reunir las pocas fuerzas que me quedaban y enderezar el paso hacia mi hogar, donde —lo supe— tampoco iba a reconocer rincón alguno porque su recuerdo, el recuerdo de aquella mujer que me convirtió en poeta, había dejado de latir en el aura de aquella celda con forma de dormitorio en el que me refugiaba a conciliar el sueño.

Recuerdo que al llegar cerré la puerta con llave y me oculté en la oscuridad de mi habitación. Recuerdo que la única luz que tuve durante el resto de la noche fue la del flexo que coloqué en mi escritorio para verter sobre varios pliegos en blanco todo ese torrente de pensamientos que pasaban por mi mente en aquel momento. Antes de entregarme a la faena de batallar con mis ideas y emociones, miré a mi alrededor. Ni la casa ni mi vida me habían parecido nunca tan vacías. Comencé a escribir todo lo que llevaba dentro. Me había embargado un hambre cruel y una sed maldita que solo las palabras podían satisfacer. El empeño alejó de mí la noción de un tiempo que resbalaba entre minutos que se me antojaron eternos y en los que concebí expresiones de tinta y papel cuya musicalidad aún hace eco en mi memoria. No puedo recordar en qué momento me quedé dormido ni lo que soñé, pero sí recuerdo que al despertar me acompañaba la sensación nostálgica de que me faltaba algo. Cuando la luz del sol rozó mi ventana, yo llevaba ya horas esperando.

Un intento de supervivencia

Hola de nuevo. He vuelto desde la sima. A ver, he tocado fondo tantas veces que he aprendido a caer con estilo. Es sencillo de entenderlo, mira: mi derrota es un hecho inevitable, así que la he convertido en mi deporte predilecto. De tanto pensar con los ojos cerrados he acabado encontrándole más sentido a la oscuridad que a la luz.

No te equivoques, yo sigo siendo el mismo. Te sigo queriendo, sigo mirándote cuando no encuentro a nadie, es solo que entre tanta neblina las figuras también se deforman. Sé que te quiero, pero no sé si necesito hacerlo. Sé que me odio, aunque no sé aún las razones. Sé que necesito cambiar, pero no sé el qué ni el cómo. Sé que debo huir, pero no sé hacia qué camino. Si quiero ser feliz debo hacerlo por el amor que me tengo o, mejor dicho, a pesar de eso.

No he encontrado nada en esta tormenta. La última persona que se ha quedado conmigo tanto tiempo terminó buscando un pretexto para irse. O sea, que su sentido común funcionaba a la perfección. Contigo no fue lo mismo, pero tampoco tan diferente. No te has quedado a ver cuál es la grieta por donde la tristeza se filtra e inunda mi alma, tampoco has visto cuántas veces he tratado de callarme por saber que lo que diría no iba a solucionar nada. No has vivido mis desvelos ni me has permitido saber de los tuyos. Somos dos mundos que por mucho que caminen cerca jamás van a llegar juntos a ninguna parte.

Qué somos, me pregunto. Quién eres, si aun con tanto escribir sobre ti sigues pareciéndome una extraña. Caigo más veces de las que me levanto, ya te lo he dicho. El odio y la indiferencia llegan a nublarme la vista cuando abro los ojos. Me pongo de pie, cada vez más confundido de las cosas que traigo conmigo.

Soy el mismo en el sentido de que no he cambiado de rostro ni de carga, pero cada vez que pestañeo un sueño se esfuma, se me quita de encima otro peso muerto de inocencia. Ya no hago lo de siempre, voy tratando de buscarme por otro sitio, a ver si aún me queda algo de dignidad para no sentir que me traiciono. Yo te quiero, pero ya no me recuerdas a la parte feliz de mi vida. Te quiero y eso lo sé porque antes de caer también lo hacía, así que es más una cuestión de costumbre que de voluntad. Las cosas sucedieron de nuevo sin mi permiso. No es mi culpa y lo sabes. Quiero decirte que yo nunca le mentí a nadie, fue la verdad la que cambió.

El antifaz

Cargamos con las culpas de otros,
tú con las mías y yo con las tuyas.
Incluso en esa pequeña intimidad
llegamos a ser extraños.

Deberían encerrarnos.
No hay peor crimen
que sangrar con el roce de una caricia
y sonreír bajo el filo de la cuchilla.

En tus manos siempre estuvo mi ánimo,
el lugar y la altura de cualquier miedo.
Te confesé crímenes
que nunca tuve tiempo de cometer
como si esperase una especie de absolución.
Te debo tanto, lo sé, pero primero
tengo que saldar las cuentas conmigo mismo.

A veces me gustaría escupirte las palabras,
decirte que lo que siento dejó de pertenecerte,
que he vivido a tu sombra y he regado mis propias raíces,
que aprendí a florecer en el invierno de tu descuido.

De todas las cosas que me gustaban de ti,
siempre amé eso que nunca tuvo nombre.
Creo que puedes entenderlo:
cuando te callabas y un parpadeo después
todo se volvía tan claro.

Te quise, aunque pasé la mayor parte del tiempo
intentando convencerme de que sí,
que tú también me querías,
en lugar de dejarme llevar por tus propias palabras
como quien se pone un antifaz al borde de un puente.

Qué puedo decirte de mí en estos meses.
Llevo días clavándome los brazos
en la misma cruz de la que ya antes había bajado.

Sin ti el cielo se ha vuelto más alto,
las calles se han ensanchado
y las direcciones se disparan
adonde mis recuerdos no llegan.

Y es que he terminado por comprender
que si bien contigo era más fácil continuar
tú solo formabas parte del equipaje,
y que todo este tiempo
—todo este maldito tiempo—
estuve caminando solo.

De ese antifaz del que te hablaba
han brotado raíces que me ha costado cortar.

Muchos me lo advirtieron, tengo que admitirlo.
Cuando te quise asumí toda la responsabilidad,
y aunque estos poemas algún día vas a olvidarlos,
tal como me pides a mí que te olvide,
el placer y la fortuna
de haberte tenido como musa
no me lo quita nadie.
Ni siquiera tú.

Nuestro cielo

He encontrado mi cielo en tu sonrisa,
mirando ahí donde no había reparado hasta ahora.
¿Cómo es que no me había dado cuenta antes?

No hay peor error que buscar sin encontrar
aquello que siempre ha estado
todo el tiempo mirándote a los ojos.

Hoy quiero decirte que te quiero.
Te quiero aquí, procurando un espacio seco
lejos de esa tormenta que se desparrama afuera.
Te quiero adornando mi paz
y desmantelando mi tristeza,
arrullando al amor entre tus brazos,
sacando a pasear la primavera,
escondiendo entre tus labios otro otoño
que nunca es triste, que no marchita.

Que la gente se pregunte qué nos hace sonreír tanto
veinticinco horas por día, ocho días por semana,
cinco semanas por mes, trece meses por año.
Que sepan que no me encontraste,
que no te encontré, sino que coincidimos.
Y que no fue suerte, sino destino.

Por ti me permito creer en esas cosas,
incluso en lo que tanto he odiado.

Me gustas porque pronunciar tu nombre
es contraargumentar mi escepticismo.
Yo, que tanto he huido del amor,
hoy quiero dedicarte canciones,
escribirte cartas, ser un maldito cursi,
enamorarme como cualquier poeta
y hacerte feliz como a ninguna musa.

Apostar mi vida, dejar de tener miedo,
iniciar un vuelo de ida sin retorno
a cualquier atardecer si es a tu lado.

Hacer mi hogar en las pausas que hagas en silencio,
mientras te observo y comprendo que,
por Dios, cuán afortunado he sido todo este tiempo.
Y dejar de una vez de mendigar limosnas
a personas que solo están de paso
y que no merecen mis horas,
esas que uso para soñar despierto contigo.

Imagino que es prácticamente un milagro.
Quién iba a decir que algún día iba a desear
pasar el resto de mi vida al lado de alguien.

Eres la sorpresa más bonita del mundo,
el deseo, el prodigio, el «¡*boom!*»
que hace que mis latidos se aceleren
cuando te miro y sonríes,
y por enésima vez recuerdo

que has venido para quedarte
y te juro, querida, que si estás aquí,
yo jamás voy a querer irme a otro sitio.

Que el milagro es pasarla a tu lado y que tú,
como el amor y la vida,
sólo ocurres una vez y para siempre.

Y yo no pienso dejarte,
ni dejar de conocerte todos los días,
y así quinientos días por año,
reduciendo los años a unos meses,
mandando al carajo la lógica del tiempo,
a fin de cuentas, estamos en nuestro cielo
y aquí los dos ponemos las reglas.

Un día de lluvia

00:00

Los relámpagos a lo lejos rugen. No hay equivocación: una tormenta se avecina, al parecer de grandes proporciones. Estoy contemplando la ciudad desde lo alto. Parece tan infinita y desierta, aunque todo cambia una vez que estás cerca de ella. Poblada de carteles luminosos y monumentos a la deriva, poca gente y tanta soledad junta. Esa aglomeración, el panal de abejas abierto y las picaduras que vienen en forma de recuerdos. Es medianoche y nadie me ha advertido que, si paso tanto tiempo solo, me hago más vulnerable a la tristeza; nadie me ha advertido que el frío se hace más intenso, que quizá no me queden muchas fuerzas después para poder dormir sin soñar que no te has ido.

3:33 a. m.

Me ha despertado el sonido del celular. Un mensaje. He dormido poco más de una hora y te he oído llamándome en sueños. No veía tu cara, solo tu voz ondulaba en aquella penumbra líquida. Algunas líneas de luz se filtraban desde lo alto, pero todas ellas se desvanecían antes de llegar al suelo. Yo me encontraba en medio, como un niño solitario hasta que tu voz me despertó. He leído el mensaje y nuevamente no es tuyo. Me pregunto si alguna vez has sentido lo mismo, y si el insomnio te ataca sin piedad hasta que comienzas a desesperarte. No lo negaré, lo he intentado con otra chica, pero a quién quiero mentirle: sigo siendo un suicida atado a la roca de tu océano. A veces me hundo y desde el fondo oigo alguna canción con tu nombre. Nunca me ahogo. Esa es la peor parte. Te echo tanto de menos que esta habitación todavía huele a ti, a tu belleza. Tu maldita, tu dolorosa, tu contemplativa, tu inalterable belleza.

5:48 a. m.

Tal como lo intuí, amaneció lloviendo. He salido a mirar la ciudad nuevamente y me ha azotado una ráfaga de aire gélido. Las gotas no han dejado de acribillar el techo, ni las ventanas. Los regueros que se han formado en el suelo parecen dibujar palabras, o seré yo, que busco señales por todas partes. Asumo que nunca volveré a verte, que probablemente estás mejor sin mí, pero cómo me gustaría saber si me piensas, si mañana, cuando me persiga la incertidumbre, podré encontrar un ápice de seguridad al verte. Si es que te veo. Si es que todavía no me odias. Si es que el recuerdo también te pesa y las heridas en tu piel forman palabras, tal como los regueros que veo tras la ventana. Y si aquella palabra es un nombre y ese nombre me pertenece. Espero que entiendas que me dolería menos saber que te duelo. Y mientras escribo esto, un relámpago suena de fondo. Aquí sigue lloviendo, cada vez con mayor intensidad.

10:03 a. m.

Nubes bajas reptan en los entresijos de una ciudad que apenas despierta. Todo se ve gris, desde las colinas hasta mis manos. Gris, como el color de un alma que echa de menos. Y sigue lloviendo. No he comido ni he salido de la cama. No tengo la necesidad ni la urgencia. Llevo despierto varias horas; no diría que carezco de sueño, sino de razones. Además, nunca me ha sido fácil pegar ojo. Siempre tengo cosas que contarme, siempre alargo los minutos y meto la esperanza en ellos, como si al pasar las horas pudiese recuperar el equilibrio de esta sonrisa desproporcionada, que no es más que una mueca de alguien que ha visto demasiada gente irse de su vida. Adónde se habrán marchado, no lo sé. De ellos me quedaban las huellas, pero la lluvia las ha borrado casi todas. La última vez que los vi no me reconocieron y se encerraron en un corro que no admite extraños. Sé que es mi culpa, así que más que esperar que me acepten, lo que quiero es que me comprendan. Incluso tú, estando ya lejos, sepultada en la neblina de la nostalgia, como esta ciudad que sigue sufriendo bajo la lluvia. Nunca más desde aquel día volví a decirte que te quiero. Me siento vacío desde entonces.

16:14 p. m.

De fondo suena una de esas canciones. He aprendido la letra de la mayoría. «*Que, a pesar del tiempo, te juro que no lo olvido; qué fuerte soy con la gente y qué débil que soy contigo*». «*Resume el amor en dos actos: vestirse de blanco y acabar de luto*». «*Cogí la ropa, la desilusión no entraba en la maleta*». «*Miro en mi pecho, ahí dentro hay un desierto*». A veces pienso que esas canciones las escribí yo sin darme cuenta y que te has colado entre las palabras como si no te bastara que todo girara alrededor de ti. Quisiera volver a ese lugar, volver a nosotros, creer en el paraíso que me tendían tus manos, que acariciaban con esa destreza de borrar mis cicatrices y que, en lugar de ellas, me ofrecían razones para seguir intentándolo. Tu calor y esa magia, la de tu boca pegada a la mía; el tiempo tomando un descanso, como si tuviera miedo de arruinarnos el momento. El mundo no me parecía un lugar cruel por entonces. No dolía tanto amarte. Pero, inevitablemente, todo se ha tornado gris y el sol no ha salido en todo el día. Qué novedad; a fin de cuentas, vivo en penumbra la mayor parte del tiempo desde que no estás. Mis ojos se ajustan a la oscuridad y a veces dan contigo. Pero te esfumas. Tus manos no han vuelto a curarme las heridas y las canciones siguen hablando de nosotros, de lo mucho que duele extrañarte.

19: 45 p. m.

También sé que eres capaz de sentir, de querer, de echar de menos. ¿Lo haces conmigo? ¿También te duele esta distancia? He de confesar que yo sabía que algún día ibas a irte, y aun así siempre te vi con ojos de bienvenida.

22:58 p. m.

Ha sido uno de esos días en los que siempre es de noche. Ha sido tan largo que tengo la sensación de que el tiempo se ha detenido y que la lluvia apenas comienza. Las luces de la ciudad se han encendido una por una, y parece que una madriguera de luciérnagas ha anidado en aquel valle rodeado de cerros. Es una ciudad que tiembla, que espera demasiado para recibir poco. Hoy no he visto a nadie, ni me he acordado de comer, ni de salir siquiera. Mi aspecto en el espejo es la de un hombre diez veces mayor. Es como si la lluvia me hubiese tallado un nuevo rostro adaptado a la falta de gestos. Ya no he dado más vueltas y la única canción que suena es la de las gotas golpeando azoteas. En silencio como siempre, y a oscuras como siempre, pienso en una salida como nunca. Me queda alta, como todo en la vida. Debería intentarlo, pero por temor a encontrarte esperándome ni siquiera me arriesgo. Es contradictorio porque pienso en ti y no quiero verte, tal vez porque tengo la impresión de que vives mejor en mi recuerdo, que traerte o tenerte cerca es romper con crueldad la nostalgia, la sutileza con la que todavía me sonríes desde el pasado. Que me siento más seguro pensando en todas las cosas que dijiste que esperar las que aún no han salido de tus labios. Me siento mejor sabiendo que exististe y que te tuve, que pese a no merecerte me diste más de lo que pedía y que con eso fue suficiente. Yo te quise también, a mi manera y con defectos. Tú sonreías, yo lloraba. Éramos expertos en darnos la contra. No fuimos el uno para el otro; tú nunca miraste más allá de mis fronteras ni yo supe saldarte el precio que les ponías a todos tus secretos. Guárdalos y ponme a mí entre ellos. Que nadie me encuentre nunca si permanezco contigo. Créeme que me sentiré más seguro si lo haces. Yo pensaré que quizá algún día podré subir aquella cuesta y hallar la salida. Si cierro los ojos puedo oír los relámpagos a lo lejos, como voces que me recuerdan que hace tiempo que nada en el amor dura para siempre.

Tu vuelo

Me atrapas contando las horas para verte,
supurando esperanza por todos los poros de mi piel.
Al mirarte he comprendido
que el beso más largo del mundo
es ese que todavía no te he dado.
Que no hay lugar en el planeta que no tenga luz,
sino que simplemente carece de tus ojos.
Que con viajar entre tus brazos es posible ir más lejos
que cualquier avión surcando el cielo.

Y las nubes monumentales, en especial
las que tienen la forma de tus labios,
me recuerdan lo feliz que soy cuando me besas.

¿Qué me queda si te vas,
o si al volver mi vista no te encuentro?
¿Qué me queda?
Un puñado de flores marchitas
en un invierno en forma de daga,
varios «quizá» a medio camino
entre el vendaval mortal de tu silencio
y mi condición de astronauta perdido
en medio de constelaciones que no son tuyas.

Mi vida siempre ha sido un árbol sin hojas
hasta que llegaste, primavera en cuerpo de mujer.
Hiciste que me envolviera en un abrazo con la lluvia
y tú, que siempre has sabido despejar el cielo,
supiste demostrarme que la paz está en una caricia.

Tú, que haces y deshaces por voluntad y sueños propios;
tú, que maldices los límites y te entregas al riesgo;
tú, que procuras, das cara y superas…
Tú, chica poesía, no te vayas nunca si no quieres.

Que sepas que soy un árbol y no una jaula,
así que en lugar de encerrarte
lo que haré será contemplarte.
A ti, a tus alas y tu mirada
clavada en un horizonte lleno de metas.
Solo no te olvides nunca de que
los árboles, si bien son lugares de paso,
se ven mejor cuando florecen.

Yo olvidé la tristeza
un segundo luego de que aparecieras.
Y tras verte tanto caminar sola,
sin agarrarte a la mano de nadie,
me entraron ganas de ser camino.
O destino.

Porque siempre supe que el día en que tú llegaras
la felicidad iba a colarse por la puerta.
Luego me miraste y me pediste
que te acompañara en tu vuelo.
Y yo te dije que sí.

Que mil veces sí.

Antagónico

Nunca supiste que detrás de mis ojos
había un tobogán de lágrimas
clausurado por el miedo.

Nunca te dije que después de las doce
escribía en otro tono, con otras palabras,
con otro nombre y a otra musa.

Pasaste viéndome sin mirarme
tantas horas seguidas que caían
como goteras
en esta habitación empolvada.

Y quise, pero se hizo tarde,
y lo intenté, pero fue inútil,
y mantuve abierta la puerta
por si recordabas haberme olvidado
y volvieses por mí.

Luego viajé al interior de mi océano
sin traje ni oxígeno,
sin esperar encontrar nada
para ahogarme con mis palabras.

Y así la he pasado: queriéndote sin decírtelo,
caminando contigo, como líneas paralelas
que van cerca pero no juntas.

Duele, pero ojalá llegues a entenderlo:
el silencio es la máscara
que les pongo a mis secretos.

Vuelvo a estar vacío

Ha comenzado a llover de repente. Las gotas caen con rabia, como si el cielo tuviese el corazón hecho pedazos. La lluvia siempre me ha recordado a mí, ¿sabes? O quizá siempre me vi en ella. A veces yo también lluevo, pero la diferencia es que nadie está ahí para verme. Ni siquiera tú, por aquellos días donde ya estar triste era lo único que merecía la pena. También pienso en las cosas que dijiste antes de irte. Tus palabras y las mías revolotean como intentando arañarle algún sentido a tu ausencia. Están las fotografías y las canciones. Y no he dejado de preguntarme cuántas veces para ti fui una simple hoja en blanco. Escribías en mí como si tu vida estuviera hecha de palabras. Yo lo estoy y he tenido que lidiar con verte en silencio mientras mirabas aquello que costaba imaginar que existiese. Mirabas en mi interior y en el momento que ponías tu mano sobre la mía, inevitablemente algo me cambiaba dentro, y sabía que no iba a volver a ser yo después de ti. Fue bonito quererte, fue bonito pensar que no te irías. Fue bonito que la lluvia nos mojara, que Sídney nos quedara corto, que tu piel se pegara a la mía. Fue bonito tocarte, perseguir mis sueños en tus piernas, verme confinado a la claridad de tu sonrisa y pensar que quizá algún día, cuando ya no quedara nadie a quien contarle esta historia, alguien te reconocería con solo mirarme a los ojos y hablaría de ti como si fueses un milagro. Y entonces me envidiaría. Me he convertido en un papel donde has escrito tus mejores líneas y cuya tinta, con la lluvia, ahora se desprende y corretea por el riachuelo que se ha formado a los pies de esta debacle. No sé dónde te encuentres, pero yo vuelvo a estar vacío y, como siempre, nadie estará para cuando el que comience a llover sea yo.

Casualidad imposible

Te encuentras al otro lado de la calle,
a una cantidad de pasos incontable.
Eres imprecisa, caminas dando saltos,
juegas con las líneas de la acera,
disimulas el rubor cuando alguien te mira.

Lo que daría por besarte la mano y tomarte la boca.
O a la inversa.
Contigo el orden de los factores no altera el deseo.

Puedo cantarte a los ojos y mirarte al oído,
sensibilizar tu piel con el aroma de mil ausencias.
Puedo contarte los lunares y aunque no tengas
yo te inventaría millones en la espalda,
solo para ser quien plantó galaxias en tu cuerpo
con el fin de perderse entre ellas.
Puedo inventarte y traerte, alejarte y amarte.
Puedo.

La longitud que hay entre tu boca y la mía
es tan inconsistente que hace que los cálculos se pierdan.
Estás a un imposible de distancia
contado en unos pasos que no doy por cobarde.

Estás al canto de un silencio herrumbroso,
al final del bordillo, cerca de aquel poste de luz
que se apaga cuando te mira.

Te encuentro en todas partes,
pero entre mis manos me faltas.
Te veo y ni siquiera sonríes,
te vas callada, esperas en el paradero
al bus que te lleve lejos
de lo cerca que estás de mi vida.

Puedo seguirte si quieres, memorizar tus pasos,
contar los centímetros, minimizar el miedo
y ponerte a mitad del camino
por si la cobardía logra disuadirme
y solo me quede chocar contigo.

Hacer de nuestro encuentro algo inevitable
y encarrilar nuestros destinos
en un camino indivisible.

Pero me he quedado plantado de nuevo,
mirándote y maquinando pensamientos.
Me he preguntado a quién le dedicaré las canciones,
a quién le pintaré lunares en la espalda,
a quién convertiré en infinito para perderme.

Tú has vuelto a sonreír inquieta
y te has marchado a aquel paradero,
dando saltos y jugando con las líneas de la acera,
como si no supieras que yo te espero,
como si con quererte no te bastara.

La gran guerra

Ha sido un día difícil.
Cuando el cielo está gris,
ponerse triste es demasiado fácil.
Te miraste en el espejo aquella mañana
y tus ojos llenos de ausencia
no pudieron darte los buenos días.

El arte de mentir debería considerarse
algo más que eso: es una mutilación
en carne viva del sentimiento puro,
la contaminación de tu paz
con la intranquilidad del resto.

Al mirarte te notaban rara,
y fingir fue tu única salida.
Es que a quién hablarle de un dolor
que nadie entiende.
A quién decirle lo que nadie quiere oír:
aquello que te guardaste,
aquello que te quita el sueño,
las ganas de seguir intentándolo.

Ha sido un día difícil.

Vivir se parecía a una canción demasiado triste
que nunca dejas de oír por muy bien
que hubieses tenido tapados los oídos.
Sonaba muy adentro; el ruido tenía su voz y te llamaba.

Caminabas y aunque tus ojos veían al frente,
sólo podías mirar las ruinas de aquel mundo
que terminó la noche anterior.
Ellos malinterpretaron tu tristeza con tu malhumor.
Mejor así, pensaste.

Ha sido un día difícil.
Y dónde estaban tus amigos, dónde estaba Dios,
por qué te encontrabas tan sola.

Sabías bien lo que te faltaba,
sabías bien que se había ido,
sabías que tarde o temprano sucedería.
Lo triste es que fuera tan pronto.

Tú querías ser princesa de aquel cuento,
pero te convertiste en musa de poemas
y lograrlo te salió demasiado caro.
Fuiste feliz, pero a qué costo.

Parecía que iba a llover
porque de pronto hizo tanto frío,
pero solo eras tú.

Aquel día tan difícil se desató la gran guerra
y todos los cañones del mundo
habían apuntado a tu pecho.

Volviste a casa tan rota como saliste.
Las horas habían resultado demasiado largas.
Te echaste en la cama, rescataste aquel libro
y deseaste perder la conciencia a mitad de una frase.

Ha sido un día difícil:
tú no has sonreído
y tampoco salió el sol.

La subtrama de mi vida

No entendía el porqué. Nunca supe verlo. Nunca supe por qué te miraba de esa forma, y era un comportamiento tan raro en mí, que al notarlo tenía unas incesantes ganas de gritar, pero hacia dentro. ¿Sabes cómo es gritar hacia dentro? Se parece al silencio, pero con menos ruido. Tampoco podía decirte lo que pensaba si ni siquiera yo lo entendía, cuando me quedaba absorto calibrando la complejidad de tu existencia. Ni siquiera parecías real y no podía entenderlo. No. ¿Por qué nunca pude verlo antes? Y dijiste quererme cuando el amor se me había convertido en lluvia. Te quise con ese frío, con ese querer recorrerte hasta memorizar tus calles y avenidas, tus gestos cuando besas, tu fuerza cuando abrazas. Fue bonito y triste escribir esa subtrama de mi vida. Fue atravesar un túnel sin más luz que la supervivencia, sin más voluntad que la de llegar vivo al otro lado, sin detenerme siquiera a mirar por alguna rendija. No puse comas ni puntos, ni paréntesis ni saltos de párrafos; quería vivir a tope y terminé por perderte, así tan de prisa, como quien pasa página y encuentra otra historia en un libro, sin antes haber terminado la anterior. La diferencia contigo fue que tú no eras ningún libro, no tenías páginas ni palabras, ni párrafos inacabados; tampoco fuiste ese túnel angosto y frío, ni la subtrama porque tú fuiste la historia completa, fuiste las gotas de la lluvia que yo confundí con el amor cuando te quise. Y no supe verlo cuando debía. Dejé que el tiempo corra y ahora soy yo el que corre tras él. No me culpes que esté escribiendo esto. Llevo días sintiendo que no pertenezco a ninguna parte…

Una canción demasiado triste

Me he acostumbrado a ver la noche y el día
con los mismos ojos.
A veces parece que alguien viene,
porque las sombras se alargan, los pasillos se acortan,
mi tristeza rescata un nombre y una sonrisa.

Me dedico de nuevo a empaparme bajo la lluvia,
a mirar el pasado a través de una fotografía.
Se hace de noche o, mejor dicho,
sigue siendo de día.
Ya no hay estrellas en este cielo despejado…
A veces el sol sale, saluda y se oculta.
«Déjame en paz —le digo—. Vete».

Cuántas palabras me guardo
como para que ahora no sepa decirlas.
Cuánto tiempo es demasiado para sentir,
cuántas veces me he ido para volver.

Asesiné palabras que me ahogaban.
Tenía que elegir entre ellas y yo
y elegí vivir un poco más,
pero ahora me pregunto para qué.

Si a ella la hiere decirle que la quiero,
a mí me mata callarme que la amo.

Será otro crimen
que quedará sin resolver.

Es increíble lo fácil que resulta olvidar tus principios
cuando estás tan cerca de la orilla
y abajo se ven muchas manos con ganas de abrazarte:
esa cálida promesa de una paz eterna que no existe.

Vivir sabiendo que pase lo que pase,
no pasará nada, es demasiado difícil.
No espero que alguien me entienda.

Pensé que estaría seguro dentro de un búnker
sin saber que las bombas
las llevaba yo desde el principio.
Exploté adentro,
y desde afuera nadie me oyó pedir auxilio.

Puedo mentirle al mundo, pero no a mí,
y yo soy a quien tengo que rendirle
más cuentas que a nadie.

Me duermo en un rincón de este desastre,
echo llave a la puerta y suspiro.

Nadie vendrá esta noche tampoco.
Me convierto en una canción demasiado triste
como una flor que se muere en primavera.

Te he querido

Te he querido con la fuerza de un terremoto, con la de un rayo partiendo el cielo en dos. Te he querido con la calma del agua que acaricia la piedra, con la ternura de una mirada. Te he querido con la negrura de la ceguera, con toda la luz de una sonrisa. Te he querido con todo el dolor de la distancia, con todo el alivio de un abrazo, con la paz de una bandera blanca, con la guerra de varios frentes. Te he querido hasta que las fuerzas se convirtieron en mi mejor arma y, al mismo tiempo, en la razón de mi derrota. Te he querido sin medir palabras bonitas y guardando todas las crueles. Te he querido con la suavidad de una brisa que te besa en la mejilla. Cuando te eché de menos tantas veces, tantas veces abracé tu nombre. Y morí en cada verano que no compartimos, en todos los libros que no llegué a escribirte. Morí porque ya no tenía razones, pero morí a tus pies porque es ahí donde cualquier planta seca reverdece. No lo digo por el hecho de que les hayas puesto color a mis días, lo digo porque en verdad me salvaste la vida. Y volví a suspirar y a reír y a saber lo que se siente que alguien venga a arreglarte el alma. Fuiste tú y eso me hizo quererte, esa fue la razón de los desastres, de los rayos, de la ceguera, de la distancia, de las guerras y de toda esa fuerza que luego se convirtió en bonanza. Cuando sonríes, me doy cuenta de que te he querido hasta osar engañar al tiempo y conseguir que cada día seamos los mismos, viviendo en ese lugar de donde no hay retorno, teniendo fe en el mañana.

El adiós que nunca quise darte

A veces me mirabas, sonreías
y era como si el atardecer más bonito
hubiese decidido adoptar la forma de tus labios.
He deseado tantas veces volver a aquel sitio,
llenarte las manos de flores,
la boca de sonrisas, el cuello de besos.

He amado tu cuello, ¿sabes?
Esta es una de las cosas que nunca te dije.
También tus mejillas, tus pestañas, tus orejas.
Eras preciosa en aquel pasado
y hoy sigues siéndolo en mis sueños.

Te maquillabas apurada y a veces con calma.
Solías tener una manera de caer en la cama,
tan cansada, que ganas me sobraban
de acostarme a tu lado.

Luego veías el techo, suspirabas.
Yo sabía que la paz tenía algo que ver
con que me miraras a los ojos
buscando respuestas
y me abrazaras sin mediar palabra.

Sabía que el amor nacía
cuando te acostabas en mi pecho,
cuando nos tomábamos de las manos
y el resto del mundo
nos dejaba en paz sin rencores.

Los días se nos hicieron largos,
las noches siempre demasiado cortas.
Vivimos encerrados en aquel invierno
de unos cuantos metros cuadrados
y viajamos a tantos lugares con un abrazo.

Claro que eso y casi todo lo que escribo
forma parte de la recreación de una vida a tu lado.
Nunca mis manos sostuvieron las tuyas,
nunca te vi dormir de madrugada,
nunca salí contigo a cualquier sitio,
ni quedábamos para vernos tras el trabajo.

Eso duele: saber que no exististe,
saber que no te tuve ni un segundo, siquiera;
saber que te quedaste detrás de mis ojos,
a una eternidad de distancia de mi boca;
que las palabras que dije nunca te llegaron
y que el viaje que soñamos
se prolongó demasiado.

Todos estos recuerdos son tan ficticios
como el adiós que te di aquella noche,
como aquel café en el que nos conocimos,
como aquella playa en cuya orilla descansa tu nombre.

Y sé que contigo hubiese sido feliz.
Sé que no me hubiese hecho falta extrañarte,
tampoco dudar si me creías
cuando decía que te amaba
porque lo tenías claro desde el principio.

Hoy he confirmado que eres tan hermosa como imposible.
Quien te quiera lo comprenderá de inmediato,
tal como yo he llegado a hacerlo.

Y seguirás sonriendo allí por donde pasas
y los hombres seguirán soñando con caminar contigo.
Tú serás tan libre como aquellas flores que te gustan
y adornarás la vida de quien sepa merecerte.
Seguirás floreciendo incluso en invierno
y el amanecer de tus ojos iluminará el mundo.

Este es el regalo de consolación que me queda:
mientras yo siga siendo capaz de escribir,
no hará falta la noche para abrazarte,
ni el calor de nuestras manos,
ni amar tu cuello,
ni verte dormir sonriendo,
ni echar raíces ahí
por donde tus pasos dejan huella.

Cerraré los ojos siempre que quiera
para traerte de vuelta y decirte, muy bajito,
sin que nadie pueda escucharme,
que esta vez no quiero despertar si no es contigo.

Contaré atardeceres con mi bolígrafo de testigo,
dibujaré nubes en el cielo, planetas en el cosmos
y en aquella playa que nunca existió,
borraré tu nombre de su orilla
para que existas invisible,
escondida en mi suspiro,
tan perdida como cuando llegaste,
tan hermosa como cuando te quedaste
y tan triste como cuando te fuiste.

Aquí el adiós que nunca quise darte:
te quiero.
Echarte de menos duele demasiado
y ni tú ni nadie sabe cuánto es demasiado.
Asume que te quiero y yo asumo que me olvidas.
Yo firmo con mi muerte en vida
y tú con tu vida por delante.
Este es el trato irrompible y vitalicio.
Había demasiadas letras pequeñas
y te juro que no me había dado cuenta.
Tienes que creerme.

Ojalá el amor

A veces, me gustaría saber en qué momento una persona llega a querer a otra, ese punto exacto de quiebre de la estabilidad sentimental que da un salto de éxtasis a un nivel que asusta. Saber en qué momento alguien te mira igual, pero con distintas intenciones, y su sonrisa ahora depende de lo cerca que te encuentres; o en qué momento un silencio se convierte en invitación a romperlo con un beso, en qué instante un beso en la mejilla desea resbalar hasta los labios. Hablo de la gente que quiere sin decirlo, de quienes caminan cabizbajos por temor a que sus ojos expongan sus verdades. Es por eso que digo que creo en la mirada de quien ha pasado demasiado tiempo con los ojos en el suelo. De quien, al levantar la vista, solo mira promesas que se marchan, ilusiones que sonríen, personas que lastiman. No lastiman las personas, claro, pero cuando le pones el nombre de alguien a tu secreto más grande, y esa persona se va, luego el sentimiento quiere salir de tu pecho y marcharse con ella, y el intento de luchar contra esa fuerza cansa, te deja sin energías, incluso. Cuántos así por el mundo, cuántos que miro a diario. Cuántas parejas siendo todavía amigos, cuántos amigos que todavía no se conocen. Si pudiera verse el deseo, la nostalgia, el anhelo, seguramente que más de uno sería correspondido y muchos estarían felices ahora mismo; sería más fácil saltarse preámbulos como romper el silencio, una invitación a salir, quedarse a solas, armarse de valor. Creo que debe haber algo, una señal contundente. Ojalá el amor fuera tan visible como el odio.

Otra de tus culpas

Le he puesto luz a la noche,
he cambiado el café por limonada,
el invierno por verano (ni siquiera por primavera)
y la ciudad por la playa.

Hay mucha niebla, sin embargo.
Si me pongo a buscar caminos no los encuentro.
Lo mismo me pasa contigo, solo que tú
no eres camino, sino lugar,
y cuando te propones llegar a alguien
los atajos no sirven.

Mi vida es una escalera que asciende
hasta un rellano sin puertas.
No es que te extrañe, es que
no me acostumbro a estar solo.
Nadie ha llegado a este sitio desde entonces
y a veces creo que lo mejor que podría
hacer con este edificio es demolerlo.

La única ventana que me queda
proyecta mi sombra contra la pared
y sé que si grito con fuerza
nadie llegaría a oírme.

Ayer te quería, pasado puede que no;
hoy no sé y posiblemente mañana tampoco.
Ayer volabas conmigo, pasado seré yo caminando;
hoy me sueltas y mañana seguiré a rastras.

Recuerdo la felicidad de aquel matrimonio que no tuvimos:
el poeta adorando a la musa
y la musa ignorando que él existía.
Si hubo un vacío, nunca lo viste.
Si hubo una herida, nunca supe mostrártela.

Vivo en este mundo
donde cualquier cicatriz es poesía,
donde vestir flores también es invierno,
donde al pecado se le llama cielo
y donde la felicidad sigue siendo una extraña.

Este poema es otra de tus culpas.
Te condeno al calabozo de mis palabras,
a perpetuar tu nombre en mis sollozos.
Eres responsable de tantos delitos
contra mis sueños, contra la paz,
contra la felicidad y la tregua,
contra la misma guerra.

Quédate en contra de tu voluntad
tal como yo acepté dejarte en contra de la mía.
Si uno es preso de sus palabras,
yo seré culpable de todas las que no te dije.

Que no se te haga extraño aquel individuo
que te mira en silencio por la calle.

Eso si es que llegas a verlo.
Yo me esconderé detrás de cualquier muro
para que sepas que los poetas,
si bien es cierto que no olvidamos,
también llegamos a ese punto crítico en el que
dejamos en paz a quienes nos mostraron un lugar
sólo para tener la excusa perfecta de tomar un camino.

Aunque no lleguemos a ninguna parte,
aunque volvamos al lugar de siempre.
Porque mi vida es una escalera
que no solo carece de destino.
La mía es además una que no termina.

Demencia sentimental

Lo más cerca que he estado de ser feliz ha sido a la distancia de un suspiro, cuando la vi y supe que el aire que ella respiraba sería el mismo que iba a hacerme falta por el resto de mi vida. Llevaba estrellas en lugar de ojos y yo dos abismos y tormentas; ella, una sonrisa deslumbrante; yo, una mueca sin sentido; ella, luces y destellos; yo, sombras y penurias. Al verla, también comprendí que el amor se viste de azul y lleva pulseras y collares. Que es capaz de abrir todas las puertas de tu vida con la sola voluntad de un pestañeo. También comprendí que estaba muy lejos de ser mía, y que bastaba con imaginarme caminando a su lado para comprobar que los sueños son más realistas cuando no se cumplen. Así era ella. Caminó y se llevó varios poemas que no había escrito. Se fue con un futuro y varios planes. Se fue y me dejó en aquel puente, temiendo que el amor se hubiera cansado de donar migajas de esperanza a los hambrientos que vagan por el mundo con un pasado que los persigue como una sombra. Pasó de largo. Lo más doloroso es saber que aquello fue lo más cerca que estuve de haber escapado de esta demencia sentimental y que esa chica se fue sin sentir por mí algo más allá de la completa indiferencia. Y que ahora que no está ya no se me ocurren más lugares a los que recurrir cuando quiero olvidar la realidad en la que vivo, para ir a aquella que existió durante un instante, la misma fracción de tiempo que tardó su sonrisa en clavarse en mi memoria, en ese lugar donde la felicidad no es un sueño, donde no hace falta despertarse...

Álter ego

No tengo una doble personalidad, tengo una sola con doble inclinación. Una inclinación es dócil y optimista, la otra es vil y vengativa, pero, aun con todo, con una gracia benevolente. No sabría escindir la esencia de mi personalidad de una de ellas. Los polos opuestos conforman íntegramente la unidad que me compone y ambos se revelan en momentos puntuales de mi vida. Puedo llevar una carga de planes que mentalizo con ánimo lleno de ilusión para hacerlos realidad en un determinado tiempo y, en ese proceso, una avalancha de circunstancias me cae encima y me vulnera los ánimos hasta desviar mi vista de mi objetivo. Son esos lapsos de tristeza sin razones, o de la severa autocrítica con la que suelo disciplinar cada paso que doy. Lo cierto es que ese abismo de reproches es tentador y caigo en él irremediablemente, hasta creer que nunca toco fondo. En la actualidad, contrario a mis años anteriores, salir de aquel hoyo no me significa un trámite de varios días o meses. Ahora salgo con menos esfuerzo, pero la tristeza es igual de dolorosa, y cada vez que me encuentro fuera me doy cuenta de que soy más fuerte de lo que siempre pensé de mí mismo. Es ahí que mi yo sombrío firma una tregua con mi yo más sensato —el que sabe perdonar—, y este último toma el control nuevamente. Yo no dejé de reconocerme en ambas partes: tuve el mismo anhelo, pero diferente determinación; el mismo objetivo, pero diferentes perspectivas; la misma identidad, pero diferentes nombres. Y nunca dejé de ser yo. Soy el mismo que clava la daga y limpia la herida. He tenido que convivir con eso, pidiéndome perdón casi siempre, sin saber perdonarme casi nunca.

La última vez que te vi

La última vez que te vi estabas guapa como siempre,
elegante como siempre, mortal como siempre,
dócil como nunca.
Hoy te estoy viendo, no me preguntes
por qué sé que es la última vez.
En tu sonrisa cabía mi memoria;
en tus ojos, mi presente de niebla;
en tus manos se filtraba ese frío en el que
terminó convirtiéndose mi futuro.

He estado mejor ahora para verte, que antes para quererte.
Supongo que tarde, pero siempre llega ese punto
en el que las condiciones para aceptar una derrota
se vuelven manejables, y hasta peligrosamente tentadoras.

Te acompaña aquel que siempre fue mejor que yo
y le sonríes como nunca me sonreíste a mí.
Siempre te imaginé de esa forma,
aunque entonces me dolía.
Hoy no.
Puedo aceptar que lo abraces, que lo beses,
que lo mires a los ojos, más porque sabes que te veo,
que porque realmente te nace hacerlo.

Conjuré un final alternativo, recordando tus palabras
antes del último beso que nunca me diste,
imaginando tus pasos detrás de la puerta,
las flores abriéndose si las mirabas,
la primavera llegando a tu ritmo,
el sol acariciando tu cuerpo,
bajando la guardia el invierno
para evitar convertir tus suspiros en olvido,
mi calor en un recuerdo,
nuestra vida en aristas de hielo.

Te acercabas lentamente, como si la gravedad
hubiese aprendido a besarte los pies.
Imaginé un murmullo, una canción de fondo,
mientras abrías la boca y tus manos
comenzaban a hacerles cosquillas a mis instintos,
diciendo que no volverás a quedarte sin motivos,
jurando que no le darás razones al invierno,
que se te escaparán *tequieros* en mi oído,
que formularán preguntas tus silencios
antes de convertirse en navajas de gargantas.
Y no te culparía en absoluto por lo segundo:
hay quien usa el silencio para matar
y hay quienes lo usamos para morirnos.

Volver a la realidad es otro asunto.
Nunca me llevé bien con las verdades duras,
quizá porque siempre fui de mentiras suaves,
lo cual explicaría mi aversión a tus silencios,
pero mi aceptación a tu docilidad sutil,
esa misma que usas para abrazar a aquel hombre

que nunca tendrá mis ojos, ni mi tacto,
ni mi voz, ni este olfato hambriento
de buscar tus puntos débiles en mitad de una guerra
que siempre ganaba si aceptabas que un beso
valía más que un poema.

No quiero olvidar porque olvidar
se parece a los entierros
y yo los he odiado todos desde siempre.

Muchos dicen que un clavo saca a otro,
pero nadie advierte que es posible
que la herida se haga más grande.
Otra me hará bien, pero no feliz.
La soledad en mí es voluntaria,
tal como lo es para ti esta distancia.

Vete y guarda mis ojos en alguna parte.
Entierra en un baúl estos poemas,
incinéralo después si lo ves necesario.

Procura que él sepa merecerte,
que se deje llevar más por tu boca que por tus piernas,
que pueda sentir en tu abrazo el final de todo el frío,
que nunca te veas mejor en el espejo que en sus ojos,
y que jamás te apague el ego díscolo
de ser tú la que gobierne en sus sueños y futuro.

Yo regresaré a casa por el mismo camino.
De tanto ir y venir, debes saber que
ya me lo he aprendido de memoria.

Tu destino

Querida Nadie:

Hoy he vuelto a ver a la chica del escaparate.
Hoy, luego de años.
Llevaba de la mano a un niño;
imagino que un sobrino suyo.
Me preguntó dónde quedaba tal colegio
y casi le doy la dirección de mi casa.
Se marchó ignorando por completo
que varios poemas suyos descansan hoy
en el umbral de mi silencio.

Sigues sin aparecer y yo aún ignoro
a quién dedicarle mis próximos versos en prosa
y mi triste prosa con rima.

Nunca me había quedado tanto tiempo sin escribir
y aun hoy, cuando intento plasmar alguna frase,
me es inevitable pensar en alguien
como si mis palabras estuviesen
amarradas a un propósito.
No quiero, querida Nadie.
No quiero.

También he visto a la chica de la mirada subterfugia.
Nunca te hablé de ella y no me extraña.
Era la razón por la que un amigo me odiaba,
pues mientras ella me miraba a mí,
él rogaba por un poco de suerte.
Estudiamos varias semanas seguidas
en la misma academia, en el mismo salón,
en el mismo círculo social
y nunca supe su nombre.

Imagino que tenía algo que ver con sus ojos claros,
pero lo cierto es que nunca una chica
me había inspirado tanta indiferencia.

Y tú, querida Nadie, sigues adornando cada sueño,
cada amanecer, cada transcurrir, cada noche
en la que una palabra mal ubicada
en el incompleto rompecabezas de mi mente
es capaz de alterar mis recuerdos
hasta volverlos cenizas
al consumirse en el calor de este infierno.

Hay veces en las que incluso te dibujo tal y como te imagino
y me hago la idea de que por un momento existes
y que la razón de mi soledad es porque te espero,
que solo te has marchado por un instante,
que no tardarás en regresar.

Me permito arrancarme un poema,
como si las heridas se curaran con palabras.

Aquella noche estaba tan triste
que no sabía si estaba escribiendo
o si estaba llorando.

Lo peor de crear expectativas
es que luego tienes que sostenerlas.
Será por eso que ya no hago promesas,
ni me sonrío delante del espejo en las mañanas
antes de proseguir con un día
que ya quiero que se termine.

Será por eso que ya no espero nada ni de mí mismo,
será por eso que el amor me cabe en un suspiro,
será por eso que la felicidad
no me dura un minuto completo
y que mis manos siguen humeantes de frío y ausencias.

Será por eso que le tengo miedo a enamorarme,
que ni siquiera sé cómo actuaría ante aquel «sí» tan ansiado;
que sigo en duda si realmente podré hacer feliz a alguien,
tal como tantas veces me he permitido imaginar,
o si es otro truco de mi inestabilidad emocional
que últimamente no ha dejado de materializarse
entre mis manos frías, mis ojos vacíos,
mi boca sedienta y esta piel desértica.

Debes pensar que miento, querida Nadie.
Pero te equivocas.
Te espero sin quererte,
y te quiero dentro de este odio
disfrazado de tristeza.

No es que te ame todavía
como para seguir esperándote,
es que ya he aprendido a odiarte
como para que cuando vengas
no tenga que molestarme en abrirte la puerta.

Ojalá que aquel día sea invierno como ahora,
así sabrás cuánto duele perseguir
un rastro que se pierde
entre un viento que te escupe en la cara
lo muy tarde que has llegado a la cita.

A mi pesar, imagino que no te será difícil identificarme.
Sigo siendo aquel que espera en una estación sin trenes,
en mitad del frío,
haciendo malabares con sus recuerdos,
mutilando las esperanzas que unas alas rotas
le hicieron perder en su intento de ser feliz.

Solo tú sabes que no soy tan triste como escribo
ni tan feliz como aparento.
Que llevo las piernas cansadas
de tanto ir detrás de aquellas mujeres
en cuyos rostros esperaba encontrarte.

Si me ves no intentes sonreírme,
no intentes hacerme promesas,
no hagas nada que evidencie
algún amago de cariño;
no finjas nostalgia,
no esperes que me emocione.

Simplemente haz como que me ignoras,
pisotea esta última mueca de triunfo
que me queda en la cara
y pasa de largo,
directamente hasta la puerta de mi vida.
Seguro que solo ahí, querida Nadie,
te daré la bienvenida que te mereces.
Debes saber que ahí está tu destino.

Y ojalá que aquel día
siga siendo invierno como ahora.

Agosto

Todo comenzó un agosto como este,
lleno de música, rimas, soledad y silencios.
Tenía más amigos, sonreía más seguido;
de hecho, puedo apostar que no era el que soy ahora
y no sé si sentirme el portador de un gran privilegio,
o el autor de un terrible fracaso.

Me enamoraba, odiaba,
perdonaba, recordaba y sonreía.
No necesariamente por ese orden,
pero casi.

Hoy saco la cuenta: ya son cinco años.
Días de plomo, de cicatrices tatuadas,
de personas nuevas,
de distancias cada vez más grandes.
Pero lo cierto es que he comenzado solo.

Han sido cinco años de haberles puesto palabras
a sentimientos que no eran míos
y regalado los míos, ya que nadie los quería.
Cinco años tecleando, publicando,
ideando una trama, un engaño que atraiga.

Cinco años desnudándome delante de cualquiera
que se hubiera asomado desde el balcón
a observar cada una de mis ruinas.

Cinco años alimentando esta caldera
para un invierno que aún no ha terminado.
Cinco años soñando despierto, rompiendo el silencio,
alimentando el odio, odiando esperanzas.

Les he puesto lluvia a desiertos,
ignorando que soy yo el dueño de esta sed.

He visto a miles, querido a muchas,
amado a pocas y odiado a unas cuantas.
Han sido varias mujeres y una sola musa.
Y ha sido una sola mujer con tanta poesía.

He escrito sin cansarme
sobre el cansancio de tanto escribir.
Me he odiado mientras tanto,
me he querido a veces;
he deseado morirme casi siempre
y he vivido con más fuerza todavía.
Me he asustado con los vértigos
y he amado el abismo.
He conocido a otros que,
como yo, intentan que su vida
tenga más sentido cuando escriben;
a quienes buscan en la lectura
un paso a otro mundo.

He sido la primera vez de muchos
y la última también.
Los que se quedaron aún no saben
qué parte de mi vida es real o ficción,
qué parte de mí les muestro,
qué otra les escondo.

Pero no importa.

La poesía casi nunca dice la verdad,
pero hay que admitir
que sus mentiras duelen menos.

Me parece irónico que, antes de conocerla
y hacerla parte de mi vida,
haya evitado la poesía a toda costa.
Lo mismo me pasó con el amor;
la diferencia es que solo la poesía
se quedará conmigo para siempre.

Es un lustro que llevo estudiándome
para desconocerme.

Un lustro que he pasado escondido
la mayor parte del tiempo,
tras haber huido un par de veces;
he publicado tres libros,
y he enamorado a tantas
sin quedarme con ninguna.

Han sido días en los que mi mayor esperanza
he sido yo mismo.
Yo y estas manos y estas palabras y estas letras,
tejiendo poemas como quien se forja un futuro
a expensas de sus deseos.

Todo empezó un agosto como este.
Hoy tengo pocos amigos,
sonrío cuando me acuerdo
—no saben lo terrible que es mi memoria—,
pero lo cierto es que comencé solo
y lo estoy hasta ahora.

Supongo que hay cosas que,
simplemente,
no van a cambiar nunca.

La música de las palabras

¿Adónde se está yendo el mundo? ¿Por qué la gente ya no mira a los ojos? Van de un lado a otro, chocan contra sí mismos; llevan rotos los brazos y los sueños, casi nadie ha sonreído sin pensar en el pasado. Puedo ver que les falta esperanza, en lo que sea. Puedo ver que la tristeza les apaga los corazones. Si la tarde es gris, la calma fría los envuelve y los hace indiferentes. Nadie mira más que una pantalla en un lugar donde lo que falta es la música de las palabras. Nadie. Y están solos, viven solos, caminan solos; es terriblemente angustiante observar gente sin rostro, sin nombre. Me recuerdan a mí en mucho. Yo también me he encerrado en mi silencio, he abandonado ya los atardeceres, no me he visto a los espejos sin ver ahí a un extraño que intenta ser feliz frente a trenes en los que no va a subirse. He visto a personas marcharse de mi vida tantas veces que ya no sé si he hecho bien en quedarme o si tengo que seguirlas. Seguramente, allá donde se encuentren, habita todo lo que aquí falta, incluyendo una persona más alegre, que sepa matar la soledad con un solo golpe. Pero sé que esto no es todo lo que existe. Sé que tendré que irme tarde o temprano, recuperar a algunas personas que en el fondo aún me quieren, o conocer a gente nueva, a quienes no se les haya terminado aún la capacidad de mirar a los ojos cuando se expresan. Esa gente que todavía sonríe como queriendo contagiar de felicidad al resto, con la que pueda ser yo sin miedo a que luego se vayan…

Lid encarnizada

Hay mucho ruido, se esconden las sombras,
se marcha el viento y vuelven las penas;
juegan ajedrez el Pasado y el Presente.
El Futuro atisba desde una distancia prudencial
del eje sobre el que se equilibra mi vida.

Se mueve el caballo del Presente y de un salto,
se come al alfil del Pasado.
Y mientras tanto, un peón muere de pena
al otro lado del silencio.

En mi cabeza se enciende una llama y otra se apaga.
A ambas las controla una sonrisa.
La primera es de alguien que no sonríe muy seguido;
la segunda, de quien ya ha sonreído lo suficiente.

Navego montado en el viento;
a veces llego tan alto
que puedo tocar el suelo.

No le he dicho a nadie lo que escondo en este cofre,
ni lo que significan estas muecas.

Nadie sabe por qué casi siempre estoy callado,
ni cuáles son mis puntos débiles
donde puedan hacerme cosquillas hasta reír tanto
que parezca que estoy feliz.

La torre del Pasado, sedienta de guerra,
se arrastra hasta desplazar al caballo del Presente.
El Futuro desde las sombras se priva de risa,
y mientras tanto, un peón muere de pena
al otro lado del silencio.

Callo más de lo que hablo y eso no es sorpresa.
La sorpresa es que lo que hablo
casi nunca tiene que ver
con aquello que quiero decir.

Me gusta el invierno, pero cuánto quema,
cuánto ofusca, como si hubiese decidido
ponerle fin a este dilema de mi vida,
a punto del cuarto lustro, a diez pasos de distancia.
No es invierno, claro, sino primavera,
pero hace tanto frío que el verano
se ha puesto celoso y me mira desde el otro lado
frotándose las manos
como si planeara su próxima venganza.

Un peón salta en diagonal
y destruye una torre mal ubicada;
las piezas restantes tiemblan de impotencia
y se quiebra la secuencia armónica
de esta lid encarnizada.

Los monarcas en mitad de la gresca,
confían sus vidas sorteando los movimientos laterales,
perdiendo el norte y el sur a precio de revancha.
Mientras tanto, un peón muere de pena
al otro lado del silencio.

Oigo canciones que no dedico,
dedico poemas que no leo,
leo a gente que no conozco
y conozco a todos menos a quien quiero.

A ella la quiero tanto que puedo hacerla llorar
sólo si con eso me quiere menos como ahora
y comienza a quererme más como yo quiero.

Pero son tantas cosas, tantos conflictos…

Unos peones se abrazan,
dos caballos se cubren las espaldas,
las torres no aceptan su destierro,
los reyes huyen y la reina es la única
que todavía tiene la espada intacta.

El Presente y el Pasado hace rato
que dejaron de estar al mando
y se miran a través del tablero
maldiciendo al otro con los ojos.

Un espejo se rompe
y llora los días que lo ignoré.
Una flor se marchita y sus pétalos
son amenazas de muerte.

Recojo ambos sin mucha delicadeza
y solo entonces noto
que varias piezas de mi ser
se han quebrado
y caen a pedazos.

Aún no asimilo la velocidad de este contrasentido;
ha sido un cambio brusco y yo,
ya un ser decrépito, cuyas esperanzas
son tan resistentes como su memoria,
no me muevo de este sitio
y le doy la bienvenida a las nuevas piezas
y formo con ellas un nuevo hombre.

A ver si con suerte, este comete menos errores.
A ver si con suerte, a este lo quieren más
(o lo abandonan menos).
A ver si con suerte, este es más feliz (o menos triste).
De mí solo tendrá el nombre y aquellas llamas
que arden en mi cabeza: una que apenas se enciende
y la otra que ya se reduce a cenizas.

Futuro, incrédulo como siempre,
ve cómo las piezas arman su propia masacre;
al final abandonan el campo de batalla
y ningún estandarte se alza victorioso.

El Presente y el Pasado tampoco entienden
que hay decisiones fuera de su alcance.
Señalan con el dedo a aquel hombre
que nace de mis ruinas y se apartan
y le ceden el paso.

Él vivirá con este microincendio y,
dentro de lo que me permite el sentido común,
me atrevo a augurar que,
con ayuda de aquella suerte que no existe,
volverá por el mismo camino en busca de un abrazo.

Yo estaré aquí para recibirlo,
aunque dudo que para entonces
me sigan quedando fuerzas.

Y mientras tanto, un peón muere de pena
al otro lado del silencio…

Principio

Ha sido el año de las despedidas. En lugar de conocer más personas, he terminado desconociendo a la mayoría. A otros los he visto alejarse paulatinamente. Como es lógico, hay personas que llegaron y gracias a su ayuda aprendí a odiar la soledad poco a poco hasta sentir aversión por ella. Hubo quienes llegaron y se fueron raudos y de los cuales no conservo más que un aroma, una sensación vaga de su presencia. He visto mujeres, varones, niñas y niños dándome desde un abrazo hasta una mano abierta; he dejado de lado a varios amigos, sin que ello implique apreciarlos menos, he sentido la ausencia latiéndome en las sienes, he adquirido buenas costumbres más tarde que temprano y he evitado hacer promesas por si tengo que retractarme por el camino. He leído más libros, he escrito menos. Casi me muero, casi olvido, y me he salvado por poco de vivir en el estado más crítico de la desidia. Ha sido el año de las sorpresas. He hecho las paces con mi alter ego, lo he invitado más de una vez a caminar y siempre terminamos hablando de la vida. Él desde las sombras, ensuciando mi resplandor; yo desde las luces, alumbrando su oscuridad. Cada quien con una historia distinta, contemplando al resto con cara de añoranza; él insistiendo en volver, yo intentando salir. Y así, trescientos sesenta y tantos días; cuatro lustros a la cuenta, diez meses desde aquel domingo. Cada vez con más memoria por delante. Y eso que apenas es el principio.

Por inercia

Siempre quise ser tu primer suspiro,
tu cita de más tarde, tu canción favorita;
siempre quise que al mirarme lo supieras:
que estaba más cerca de tu vida que de la mía.
Siempre quise obtener aquel sí que no le diste a nadie,
ser ese alguien al que no quisieras dejar nunca.
Siempre quise que rompieras tus esquemas conmigo.
Que el «jamás» y el «siempre» se esfumaran de repente,
y que los miedos de toda tu vida se fueran con ellos.

Siempre quise que supieras
de este anhelo casi enfermizo
de sacarte de una foto y traerte,
de besarte los labios hasta el alma;
de poder tocarte y tenerte,
para demostrarte de ese modo
que tenías un parecido irrefutable
con la mujer de todos mis sueños.

Y que tenías edificios palaciegos bajo los párpados
y que tus pestañas eran cobertizos
para esos dos agujeros cuyas pupilas
se dilataban con la oscuridad adecuada.
Que tenías notas musicales en las yemas
que hacían bailar mis instintos al tocarme.

Que tenías el norte en los pies, alas en los brazos
y cuando volabas a mi lado
yo siempre besaba el vértigo.

Siempre quise decirte que me hundía
cada vez que no te encontraba cerca.
Que el cerca contigo nunca me pareció suficiente
ni mil vidas a tu lado, aunque solo tuviera esta.
Que tenías unos ojos atardecer de verano
y unas manos viento de invierno;
que tu boca era un eclipse violento
y tu caminar un despertar constante.
Que tus caderas eran un vaivén infinito
y tus piernas dos toboganes a mis sueños;
que tenías el pasado flotando en el aire
y el futuro a rastras como una sombra.

Siempre quise decirte que «hermosa»
te quedaba muy corto
y que tu imposible me quedaba muy grande.
Yo, que nunca tuve más amor que el propio
—y que aun así nunca tuve el suficiente—,
supe al mirarte que te amaría
más allá de mis límites constantes.

Te amé misteriosa porque solo en el misterio
se encuentran verdades que llevan a otras verdades.

Y esta vida que no te cabía en las manos
bailaba con las mías en la curva tu espalda.
Y el descender de tu espalda besaba el cielo
de ese cielo que encerraba el paraíso.
En este mundo donde todo es relativo
te quise por ser absoluta.

Siempre quise que supieras
de este pedir deseos a las estrellas
y de todos los deseos que se cumplían al mirarte.
De esta nostalgia que me comía por dentro
y de todo este vacío que te pedía de vuelta.

Y tu sonrisa precisa y preciosa
para la que no parecía haber imposibles,
me golpeaba luego de cada despedida.
Y tus lágrimas de terciopelo líquido,
derramándose como pago de una multa injusta,
me recordaban las veces que no debí dejarte.
Y te callabas porque sabías que en el amor
siempre duele más el silencio que la distancia.

Te quise tanto como me odié por herirte
y me heriste poco para las promesas que te hice.
Fueron perdones mutuos y alejamientos previstos,
fueron atisbos de reojo y tentaciones a volver,
a repetir el ciclo de este círculo vicioso
como dos amantes que nunca entienden
una lección a la primera (ni a la segunda).

Hoy que te he perdido no sé si el pasado que dejamos
algún día podrá perdonarme,
lo que sí sé es que a este norte que me queda
le faltarán tus manías y le sobrará mi miedo.

Siempre quise que todo fuera distinto.
Pero solemos arrancarnos de cuajo a las personas
olvidando que eran parte de nosotros.
Será por eso que la inercia nos dicta
una ausencia irreparable en el pecho.

Pero qué podemos hacer al respecto
en este camino sin salida ni retorno.
A veces, también por inercia,
elegimos terminar en pedazos
a terminar juntos.

El destino que elegimos

En ocasiones también nos abandonamos a nosotros mismos. Y en esos casos, las fotografías parecen contarnos acerca de cómo éramos antes. Nos abandonamos por el camino, dejamos sueños, principios, ciertos lenguajes, y si hubiésemos podido desprendernos de ellos habríamos dejado también la piel y la memoria. Llegados al punto donde el retorno es imposible, descubrimos que nos parecemos más a aquellos que juramos nunca ser que a aquellos a los que aspirábamos. Un día alguien me dijo que el cambio es bueno. Yo nunca lo he creído, a menos que ese cambio nos haga crecer, nos dote de experiencias y alimente nuestra integridad, entonces es bienvenido. Lo cierto es que en ese caso no hablaríamos de un abandono, sino de un crecimiento o, dicho de otra forma, de madurez. Pero la mayor parte del tiempo eso no ocurre, y en lugar de crecer, nos abandonamos, extraemos piezas de nuestra esencia y las mandamos a volar, como si pudiésemos reemplazarlas después. Será esa una de las razones por las que a cierta edad nos sentimos vacíos, como si nuestro lugar en el mundo fuera cualquiera menos en el que nos encontramos, y entonces surge la pregunta: ¿En qué nos convertimos? Pero lo cierto también es que solemos olvidar incluso qué piezas son las que nos faltan, y tenemos que resignarnos a vivir en esa constante ignorancia, la de esperar lo inevitable, dejándonos arrastrar por el destino que elegimos.

El tipo del espejo

Hay un ajedrez en mi cabeza.
Algunas vidas dependen de un salto;
otras, en cambio, de un simple movimiento.
No he visto a nadie perder feliz
y menos a alguien ganar llorando.
No de tristeza, al menos.

No es mi temor quedarme solo;
mi mayor miedo siempre ha sido
que la soledad me duela tanto.
No he visto más luz que mi sombra,
oído más ruido que mi silencio,
u odiado a alguien más que a mí mismo.

Es todo culpa del tipo del espejo, me digo.
A veces me sonríe, burlón.
Casi siempre gana las discusiones.
Le he retirado la palabra,
pero cada vez que puede, vuelve.
Me toca la puerta, me despierta por las noches;
le digo que se vaya y me reta a obligarlo.

Lo peor es que nunca viene solo
ni con las manos vacías.
En una mano trae una botella
y en la otra un paquete blanco.

Y arma una de esas juergas tan locas
que ganas me sobran de salir corriendo.
Él sabe que no me gustan las fiestas,
ni el alcohol, ni bailar, ni el jolgorio,
ni siquiera soporto el humo del tabaco,
ni el ruido de la música, ni el juego de las luces,
ni la gente desconocida, ni la felicidad ajena.
«No es por tu huraña»,
suele recordarme,
«es porque estás triste».
No respondo por no discutir
y me callo sabiendo que es peor.

De aquel paquete saca algo nubloso,
me obliga a inhalarlo
y luego me pregunta qué siento.
«Estoy mareado», le digo.
Él me sonríe, aprobando.
«Nadie es tan fuerte ante un recuerdo», contesta.

Me sirve una copa de aquel líquido viscoso
y ya sin fuerzas, no puedo negarme.
El resto arma un círculo alrededor de mí,
lanzando gritos,
alentando mi encuentro con la droga.

Un trago,
dos tragos,
tres tragos.

El primero me sabe a incertidumbre,
el segundo a miedo
y el tercero a despedida.

Luego una chica me saca a bailar.
Me obliga, mejor dicho.
La mayoría de veces es la misma.
Nunca habla, solo sonríe
y cuando le pregunto por su nombre
da un giro,
me rodea el cuello con sus brazos
y me planta un beso tan profundo
que mis labios comienzan a quemarme.
Juraría incluso que no es normal.
Ninguna nostalgia es tan guapa, ni tan dolorosa,
aunque lo más seguro es que me equivoque.

Cuando quiero sentarme,
siempre hay otra chica,
siempre otro baile interminable,
siempre otro giro, otro silencio,
otro beso y otra tristeza.

Quise morirme varias veces
en mitad de aquella celebración sin rumbo.
Sus voces se oyen hasta cuando despierto.

Al día siguiente me duele tanto la cabeza que
un dolor sordo se queda latiendo en mi nuca.
Por eso mis desvelos.
Por eso este ajedrez.

Cuando veo a los reyes borrachos de apatía,
a los alfiles exigiendo una partida,
a los caballos rugiendo de ganas,
a las torres atentas
y a los peones con el miedo al cuello,
sé de inmediato quién les ha hecho una visita.

Al llegar encuentro el campo vacío,
pues yo siempre llego tarde.
No ocurre lo mismo con mi mente.
Mis pensamientos también se pasan de copas
y soy yo el que tiene que poner todo en orden.

Nadie está aquí cuando tengo ganas de jugar.
El otro extremo casi siempre está vacío
y tengo que ser yo quien mueva todas las piezas.
A veces pierdo, a veces no,
pero nunca sé quién gana.
Supongo que el tipo del espejo.
Él ni siquiera pierde las discusiones.

Analogía

Lo que más me atrae de los libros es la buena edición. Lo que me enamora de ellos es el contenido. Al margen de esto último, me es imposible negar que un libro, con una buena portada —hecha de un material exquisito—, una maquetación milimétricamente perfecta, y un papel de calidad, resulta irresistible para mi instinto sensorial. Me pasaría horas observando y sintiendo, oliendo y palpando. Sin embargo, para que el enamoramiento se concrete, hace falta que el segundo requisito se cumpla: un contenido a la altura del detalle. Narración, poesía, o lo que sea, tiene que estar bien escrito y corregido; debe ser un trabajo que refleje el esfuerzo del autor en conjunto con los editores, y que los detalles estén todos en su sitio, pero, sobre todo, que haya detalles. Hablo del contenido en sí, de los recursos literarios, de la estructuración de las palabras. Lo mismo me ocurre con las mujeres. De ellas, es cierto que lo que me atrae es su manera de vestir, los detalles o accesorios que utilizan, el maquillaje puntual e incluso el perfume que llevan; sin embargo, aquello que hace que las elija (como amigas o como musas) son precisamente los temas de los que hablan, sus ademanes encantadores, su percepción visionaria, su personalidad, su maravilloso sexto sentido —que tantas veces he visto reflejado en mí mismo—. Ese contenido que justifica la portada. O que la exalta a lo sumo. Llegado a ese punto, la tentación de navegar entre sus páginas me resulta terriblemente irresistible.

1 de octubre

Es un día como cualquier otro;
hace frío como en cualquier otro:
es perfecto para salir a caminar
y que la nostalgia me encuentre
a mitad de la ruta.

Ha caído domingo;
casi nunca sonrío los domingos.
Es el día inicial de un mes
que me trae más lluvia que arcoíris.
Eso no sería un problema de no ser porque
es el mes que menos tiene que dolerme.

He salido a dar un paseo,
más por mis pensamientos que por las calles.
Me he encontrado avenidas abandonadas,
fuentes al eco de recuerdos, paisajes grises,
como salidos de un fantasma del pasado.
Calles transitadas por sombras,
mercados sin abasto, trenes descarrilados,
varados a mitad de la nada.
Me parece increíble lo desolada
que puede estar una mente.

Es un día como cualquier otro,
pero eso casi nadie lo entiende.
Hoy también sale el sol,
y tarde o temprano va a anochecer.
También hace frío y el tiempo quema;
también estoy solo y acompañado;
también siento mis pies en el suelo
y también me elevo al cielo y vuelo.

Pero insisten en venir y me rodean,
insisten en sacarme de la cama,
insisten en saludar incluso
aquellos que no conozco.

No recuerdo cuándo fue que comencé
a tenerles pánico a los espejos,
ni que dejara de disfrutar la víspera.
No recuerdo cuándo fue que dejé de esperar este día,
que dejé de mirar al calendario con ansias,
que deseara los abrazos para otras ocasiones
y que abandonar la cama
no me supiera tan amargo.

Pero es un día como cualquier otro,
los llantos sobrevienen como infinita lentitud,
cayendo como cascadas desde lo alto
hasta lo más hondo de este acantilado.
Es un día perfecto para perder la cuenta,
un día perfecto para comenzar otras,
un día perfecto para estar triste
y para sacar todo aquello que no me llena.

Así que voy y pongo en el armario las ropas de ayer,
recaigo sobre el mismo lecho de esta nube helada
y al amparo de algunos relámpagos
creo esta aura de litigio entre la paz y la calma
y me abrazo fuerte las piezas rotas
como quien se reconcilia con la tristeza.

Es un día como cualquier otro, ya lo he dicho.
Perfecto para poner un poco de caos en tanto orden,
perfecto para despejar la ventana
y mirar al otro lado del horizonte,
aspirando sueños por los ojos.

Es perfecto para morirse un poco,
perfecto para establecer
un vínculo con el mundo
sólo para romperlo.
Pero es perfecto.
Perfecto incluso para cumplir años,
aunque sea domingo.
Eso tampoco puedo discutirlo.

Final feliz

He regresado de hablarle a la esperanza de nosotros;
me dijo que no se acordaba de ti.
He ido a cenar promesas al restaurante del amor;
me dijo que no había reservación a nuestros nombres.
Hemos llegado tarde y míranos: lejanos,
como si creciera un abismo en mitad de nuestro abrazo.

Hay promesas que nunca llegan a cumplirse
y eso no siempre es culpa de quien promete.
Eso no van a entenderlo y lo sabes.
No esperes que venga alguien y que con la palma abierta
nos muestre caminos fuera de los nuestros.
Yo no quiero marcharme tan pronto,
ni dejar abierta la posibilidad inhóspita
de volver a verte si me dejas.
También porque sé que no podré olvidarte:
intentar no querer a alguien
es otra forma de quererla el doble.

Se acoplará el mundo a nuestra ausencia,
brillarán más lejanas las luces
de una ciudad tan triste y moribunda
desde que no paseamos por sus calles,
ni por sus plazas, donde también comprendí

que cuando el amor pierde una bala,
la soledad gana otra alma.

Ojalá alguien pudiera escribir
un final feliz en esta historia.
Quizá logremos olvidar este día
y los días que seguirán después de este,
la enfermedad de nuestros latidos,
la insipiente negación del pasado,
al mirar a cualquier sitio menos a nuestros ojos.
Incluso nuestras espaldas pidiendo suplicio,
y nuestras manos buscando en la sombra
las migajas de amor que nuestros labios dejaron.

No nos perdonará nunca la noche
el haberla dejado a solas con la luna,
ni el día, al no tener ya razones el sol para salir
si no hay pisadas a las que alumbrar el camino.

No habrá atardeceres bonitos
ni aves de paso llevando laureles;
no habrá más poetas alegres
y ni la tristeza tendrá ya sentido.
No tendremos un final para esto
pues ni siquiera nos atrevimos a comenzarlo.

Lo único que encontré de camino a la esperanza
fue un tren descarrilado en mitad del trayecto:
un depósito de cadáveres migrando
de un anonimato a otro
en el valle más cruel de la incertidumbre.

Quién iba a decir
que los que contaban infinitos
terminarían despidiéndose
en la estación más cercana al olvido.

A qué atenernos en este laberinto de dudas;
el minotauro más grande
es mi miedo a perderte.

Hoy, sin embargo, al ver que no te encuentro
o al no encontrarte si te veo,
me olvido de mi nombre y siento
que alguien me mira con lástima
al otro lado de esta distancia.

Ojalá pudiésemos cambiar las cosas.
Ni siquiera podemos aspirar
a que esta despedida duela menos:
no hay final feliz entre dos que nunca
quisieron decirse adiós.

El fondo de este océano

De pronto, cerré los ojos y al abrirlos ya no estabas.
No hay nadie y la luz se ha ido,
se han encendido las farolas de la calle,
pero estoy tan lejos de ella que las sombras
son las únicas estrellas que me quedan
en esta noche fría y desolada.

Ya los deseos no se cumplen al pedirlos,
los sueños se escapan con el día
y cada minuto que paso sin ti
los segundos se alargan y me ahorcan,
me dejan sediento estas ganas de tocarte.

A lo mejor no te has ido,
a lo mejor hay ruido,
o es el silencio
que suena de otra forma;
a lo mejor todavía me quieres,
a lo mejor me miento al olvidarte.
Y buscarte entre estas paredes que me encierran
es un peso lanzado al fondo de un mar
que hace tiempo que no besa tus orillas.

He odiado las playas desde entonces.
Tus acantilados y los míos se miran con nostalgia
a través de esta tormenta que nos separa.

No puedo pensar en otra cosa y si te miento,
si te miento será para morirme.
Supongo que no hay diferencia.
Una vida sin ti se parece a la muerte,
salvo que de la muerte real no se despierta
y yo cada día amanezco consciente de que me faltas.

Aquí solo estoy yo
y esta nostalgia del tamaño de una realidad
que es demasiado grande para asimilarla.
No hay ases ni trucos en esta ecuación maldita:
el recuerdo es el factor común de las tristezas.

Pero las luces se han marchado.
Se han marchado lejos
y la única estrella que tenía
perdió su brillo.

Los deseos los he lanzado
al fondo de este océano.
Se han hundido tanto
que todavía me visitan por las noches.

Soledad empolvada

Ya no era él el cobarde;
ahora el espejo se escondía sin quebrarse.
Había aprendido a esquivar la luz, las sombras,
y apenas escuchaba sus pasos
abandonaba su lugar y se escondía.
Él se preguntaba adónde se iban todos,
por qué la casa estaba tan vacía
y a quién se le olvidó limpiar
los rastros de arena en mitad de la sala.

Un televisor sin señal encendía de destellos
las paredes de una habitación oscura,
mientras un gato gordo dormía
sobre un sillón empolvado.

Al otro lado de las ventanas siempre era de noche.
A veces alguien se detenía y se quedaba mirando
varias horas hasta confundirse con el paisaje.
Él sabía que era gente conocida;
había visto a esas personas
en algún momento de su vida.
Todos tenían la misma cara
y se iban a la misma hora
con el deseo de poder quedarse.

El gato maullaba casi siempre
y dejaba rastros por el pasillo;
eran huellas que iban
a todas partes y a ninguna.

Por las mañanas el sol no salía,
pero él esperaba siempre al borde del alféizar
con una taza de sueños en la mano tan caliente
que le dejaba cicatrices en el alma.

«No ha llovido anoche, son lágrimas
las que empañan las ventanas».
Y dibujaba en el vaho un sol y varias nubes.

Nunca podía ver su reflejo y sus manos
no podían describir su rostro.
Su mejor pasatiempo era esperar
y pasar horas y horas y horas
buscando aquel maldito espejo
para que le devolviera la mirada.

Pero nunca lo encontraba
y la gente venía, y él recordaba,
y el gato maullaba, y la gente se iba
y los rastros se alejaban…

Ya no era él el cobarde,
pero tampoco podía encontrarse
en aquel laberinto decrépito
del silencio ahogado en el llanto.
Nunca se había sentido tan solo,
tan terriblemente solo…

Esperanza

Después de tantos días así, mirando la nada y adivinando todo, la sensación de haber estado perdido es sencillamente inevitable. He rememorado con nostalgia el futuro. He leído mis propios libros y me he preguntado quién es el pobre chico que escribió todo eso, o en qué estaba pensando. Al día de hoy no sé si he cerrado un ciclo, no sé si podré perseguir el mismo sueño. Es evidente que no, pero incluso estando frente a la certeza me gusta conservar una duda. He pasado tantos días esperando algo que no me espera, pensando en alguien que no me piensa, buscando ese quid de la cuestión que con cada minuto solo se disuelve más en la inexorabilidad del tiempo, de las circunstancias. He regresado a los libros. He regresado a aquellos lugares. Y me siento perdido. No es como lo pensaba. Contrario a lo que es cotidiano, cada vista hacia atrás es una película distinta, un sonido que difiere con mis recuerdos. He llegado a pensar que no somos dueños ni siquiera de nuestro pasado. Eso es lo que ocurre conmigo. Incluso, en un asalto de locura, pensé en quemar las páginas de esos tres tomos que escribí revestido de una piel que ya he mudado, pero al final decidí que no. Que si las cosas continúan a este ritmo, en unos cuantos años también habré olvidado este mal rato. Me terminaré riendo de mí mismo…

Nostalgia

Durante las noches, la tristeza suele hacerme una visita y charlamos acerca de la vida y sus complicaciones. He tenido la suerte de que hoy estuviese de buen humor y haya aceptado sentarse conmigo a tomar una buena taza de cocoa fría mientras contemplábamos un cielo gris y una calle desprovista de sonrisas. Me dijo que iba a irse de viaje durante un tiempo (un par de semanas a lo mucho), e iba a dejarme unas cuantas fotografías en las que yo aparezco sonriendo a una vida que me esperaba con los brazos abiertos. Ahí apenas tenía un año de nacido. Luego nos abrazamos y la vi marcharse, dejándome a su pariente de lujo, la nostalgia, para hacerme compañía mientras tanto. La noche hoy es tan oscura que da igual si tengo los ojos abiertos o cerrados, que es casi lo mismo que estar enamorado. He ingerido una píldora de remordimiento y, al amparo de un suspiro, evoco mi infancia y mi niñez. Supongo que, de haberlo sabido, como todo el mundo, yo tampoco hubiese elegido crecer.

Tu nombre

El otro día alguien pronunció tu nombre:
fugaz, lejano, abstracto y dulce.
Fue como recibir un golpe determinante,
seco y certero,
definitivo.
O como haber recibido una puñalada
a corazón abierto.
Esa persona no supo
hasta qué punto acababa de clavar la daga,
ni cuántas noches
me había costado sanar la herida.
Cuánto pesaba encontrarte
en la voz de cualquiera.
Y no tuve más remedio que seguir mi camino,
mientras un mar de recuerdos se agitaba en mi pecho.
Y bajé la vista, aún mareado por el golpe, yo,
que hasta entonces había tenido
un día feliz.

Autorretrato

Soy el mismo que escribía poemas en su habitación, el mismo al que nunca le preocupó mucho que otros no lo entendieran del todo. Soy aquel que pasaba más tiempo escuchando que hablando. El que aprendió a leer las miradas y los gestos de otros como si fuesen los suyos. Amante de ver atardeceres en la playa y enemigo de los inviernos a solas. Proclive a enamorarse de la ternura antes que de la malicia. Devorador de libros a tiempo parcial, pero expendedor de su alma a tiempo completo. Soy ese que nunca es suficiente para la que quiere, y al que lo quieren sin siquiera conocerlo. Nunca me declaré poeta, pero el tiempo me ha traicionado. Mi debilidad es lo sencillo, lo elegante, lo que trasciende. Me gusta el color negro porque me recuerda al silencio, a la soledad donde me permito ejercitar mi visión del mundo. Soy más de lo que merezco y menos de lo que esperaba, un vaivén de trenes que van en direcciones distintas en el andén instalado en mi cabeza. Escribo lo que pienso y, entre la sístole y diástole que convergen en mis textos, encuentro mi hogar y mi calma. A eso mismo otros le llaman poesía.

Inmarcesible

La luna allá arriba dibuja
constelaciones de sombras.
Mi sombra aquí abajo traza
caminos sinuosos.

A veces recordar duele y otras
el dolor es haber olvidado.

No te diré que te quiero porque he decidido
que mi mejor argumento será el silencio.

Si buscas mis palabras hazlo en el pasado,
ahí donde aún no llega la oscuridad,
donde tampoco la luna
ha sido capaz
de distorsionar mis pasos.

Encuéntrame.

No dejes que el olvido te cobre
demasiado barato mi recuerdo.

La victoria más grande

Compartir el atardecer, la vida y el invierno. Pelear por ver quién quiere más al otro. Oírte hablar de tu cantante favorito con brillo en los ojos, sonreír ante mi torpeza de acercarme para besarte. Saltarme los lunes odiosos y comenzar las semanas con los viernes, que nos gustan tanto. Hacerte reír a cada rato, sobre todo eso. Tu risa es oír música en directo. Supongo que la vida va un poco de esa forma, de tenerte mirándote al espejo y amándote más a diario, de aprender juntos, de dejar pasar el tiempo entre rutinas y salidas, entre música y silencio, palabras y pintura, flores y desiertos. Esto debe ser lo más parecido a la felicidad que busca cualquier idealista, a la libertad que ansía el mundo. Yo te miro y entonces lo comprendo todo: la victoria más grande siempre la encuentro cuando me abrazas.

Cuando todo comenzó

Aquella noche lo comprendí todo. No te buscaba, ni siquiera sabía si llegarías algún día; tampoco estaba en planes de enamorarme, y puede que por eso sucedió: me enamoré, porque uno siempre comienza a sentir algo por alguien cuando se propuso a no hacerlo por nadie. Me miraste y, en aquella noche inmensa, con estrellas y frío por todas partes, rompimos el silencio, los besos gritaron, el deseo fue libre, se rompieron las cadenas de aquella magia que permanecía atada al engaño. Fuimos tú y yo. Me enamoré. Aquella noche lo comprendí todo.

La vida

Nadie habla de los besos que les damos a las fotografías cuando estamos solos. Ni de la forma en que cantamos nuestra canción favorita cuando tenemos los audífonos en un viaje junto a la ventana. Nadie dice nada, porque no es necesario. No hay palabras. Solo están las sensaciones, porque en algún momento sucede y se da sin siquiera nuestro permiso. No es necesario que se escriban poemas, solo saber que somos nosotros mismos cuando, precisamente, nadie se percata, ni está para ver esa sonrisa estúpida que ponemos si esa persona nos envía un mensaje o si la vemos un día cualquiera, por pura casualidad.

La vida, le dicen. Y es preciosa.

Un asalto de locura

A veces el amor juega malas pasadas.
De cien mujeres,
noventa y nueve te quieren,
pero a ti solo te importa la que hace cien
porque es la única que te ama.

Hay veces en las que es difícil distinguirla
y en un asalto de locura,
vas buscándola de una en una,
sumando a tu vida noventa y nueve fracasos
y cuando por fin das con la indicada
ya ni siquiera te quedan fuerzas
para amarla.

Irreprimible

Algún día quizá me perdone por sentir demasiado. Hoy, no obstante, el sol se ha ido y comienza a hacer frío. Las horas pasan y ya no cuento los minutos. Ya no espero a nadie, estoy solo y eso siempre lo he asumido. A veces también quisiera ser distinto, dejar de esperar, dejar de querer, ser indiferente, aprender a olvidar. Pero entre mi memoria y yo somos incapaces de ponernos de acuerdo. Pienso demasiado últimamente. Me he dado cuenta de que para ser libre no siempre es cuestión de encontrar la salida, sino de, al menos, seguir un camino. Me quedo en el lugar de siempre, no doy pasos por temor a que mis pies me lleven a otro acantilado. Sueño también con un mañana. Cuando no tienes nada que perder, sueles permitirte ese tipo de cosas: una licencia para creer. Hay restos de una guerra invisible que hubo hace tiempo y tras la que nadie cantó victoria. Alguien se ha llevado la música de este sitio. Hay muchos escombros. Quisiera poder cambiar las cosas…

Este amor

Fue tu amor la promesa más triste,
un paso a desnivel, un cambio de ruta,
la cura olvidada del tiempo,
la marea más alta de tu océano.

Fue mi amor un débil chispazo,
un abrazo en exceso, falto de criterio,
una fruta verde con ganas de caer del árbol;
fue un bosque sin sombra,
un pez nadando a contracorriente.

Fuimos casuales e impetuosos,
guerreros sin bandera,
municiones con falta de gatillo,
heridas en busca de navaja.

Fue este amor una limosna mezquina,
una esperanza gastada, un reflejo ausente,
un campo alfombrado con minas
disfrazadas todas de flores hermosas.

Fue este amor…
qué puedo decirte…
el arma más bonita de un suicida.

La melodía del silencio

¿Cómo se entierra el pasado? ¿De qué manera se incinera un recuerdo? ¿Por qué nos aferramos a la nostalgia como si fuese a aliviarnos el dolor? Supongo que es de esas cosas que nunca entenderemos. Se me escapó la esperanza como agua por las rendijas de mis dedos y, ya de noche, en un lugar donde nadie sabía quién era, recordé tus canciones favoritas y las cantaba para no sentirme tan solo. Pero en ese desierto de miradas, de besos de nadie y pasos sin eco, me di cuenta de que la mejor melodía era el silencio. No te lo he dicho antes por si pensabas que estaba loco, pero lo más cerca que he estado de olvidarte ha sido admitiendo que aún te recuerdo. Y solo me ha quedado cargar con este pasado y mentirme, convencerme de que el futuro es el hijo no reconocido del destino, de que no es el mundo ni yo, sino las circunstancias las que deciden por nosotros, sin que podamos hacer nada por remediarlo. Pero por qué intentar eludir ese brillo que me nace en los ojos al mirarte, la sonrisa apagada por recordarte, las lágrimas calladas de las noches en vela... Supongo que es de esas cosas que nunca entenderemos.

Mal oportunista

Llega el momento de siempre, como la lluvia tras el cielo gris. Hablo de la sombra que crece donde los ojos no miran, de las palabras que callamos por miedo al ridículo; hablo de no atrevernos, de pensar que cualquier movimiento que demos solo va a acercarnos a no saber qué hacer con un alma que todavía cree en nosotros. Porque también vi que los niños ya no jugaban entre ellos, y deseé volver a mi infancia para pedirme perdón por las veces que me he fallado. Luego los errores que cometí me recordaron que soy lo que soy gracias a ellos, y que eso explica por qué no me siento muy orgulloso de lo que me he convertido. Es de noche: mi excusa favorita para estar triste. Sabré que mi vida es la adecuada cuando se parezca a los sueños de los que no quiero despertarme y, de todos modos, ¿para qué correr? Si aunque no me acerque al precipicio, hace tiempo que convivo con un abismo en el pecho. No lanzaré más fichas ni le pediré a la suerte que me ampare. Equivocarme es lo único que sé hacer siempre en el momento oportuno.

Rutina

Me gusta la poesía porque es el único espejo donde mis complejos no existen. Para perder el miedo de mirarse a los ojos no basta con tener la conciencia limpia, además hay que saber cómo, con quién y en qué ocasiones ensuciarla. La sonrisa que aflora es el resultado de un triunfo guardado en silencio. No me he arreglado la barba hace tantas semanas; la única anuencia estética que me permito es la de haberme cortado el pelo hace unos días. Pero sigue habiendo fuego por las noches, almas que corretean por el pasillo de mis brazos. A veces despierto y leo. Leo las figuras, el techo, incluso la luna que se cuela por mi ventana. Otras veces camino por la ciudad, y me sorprendo mirando mi reflejo en los escaparates, visitando plazas y tiendas, como alguien que procura mantener el contacto suficiente con el mundo, no para pertenecer a él, sino para no olvidar que existe. Te cuento esto para que sepas que pese a todo me he atrevido a salir, aunque sigo sin saber qué ruta tomar luego de llegar hasta el rellano. Sufro de anquilosamiento repentino y de eso ni la poesía me salva. Soy convaleciente del arte de no saber huir cuando debo, culpable de quedarme, como si el alfiler en el ojo no fuera más que una caricia. Y hasta me olvido de pestañear.

Inconforme

Contrario a la psique de muchos, la motivación y el ímpetu en mí funcionan sacando brillo a mis defectos o fracasos. El aliciente más efectivo que me impulsa a seguir adelante no es recalcar mis triunfos y cualidades, sino, precisamente, todo lo contrario. Supongo que es porque suelo prescindir de reconocer aquello que ya tengo ganado, para aspirar a aquello que todavía no logro. Por eso un «mira cuánto has avanzado» nunca me funciona tanto como un «mira cuánto te falta»; prefiero mil veces un «¿hasta cuándo seguirás así?» que un «ahora eres mejor que antes»; lanzarme sin piedad un reproche que acariciarme el ánimo a base de congratulaciones, quizá porque me resulta más efectivo el dolor que esa dosis de bálsamo que suelen darse muchos a modo de autoconsuelo. Nunca estoy conforme con lo que consigo, nunca estoy tranquilo; siempre tengo la idea de que puedo seguir mejorando, que todavía no rozo ni siquiera un ápice de aquella meta que me espera. Lo mejor es no saber cuál es mi meta. Solo sé que debo seguir sin detenerme por el camino, ni siquiera para tomar un descanso. Esa es la base de mi progreso personal.

Inherente

Debería renunciar a las cosas que me hacen daño, pero, vista mi naturaleza implacable de ceder mi inclinación a lo imprevisible, a lo mortal, esta decisión implicaría renunciar a mi propia humanidad, a lo que compone, finalmente, la esencia de lo que soy. Y yo nunca podré separarme de lo que soy, de lo que hago o dejo de hacer, de lo que permito que haga el mundo conmigo. Entonces, no renunciaré a lo que me hace daño, simplemente hallaré el modo de confraternizar con ello, pues, si quiero extrapolar esta situación a mi condición literaria, es también, a fin de cuentas, el motor para todo aquello que escribo. Vivo con el dolor, vivo para sentir, y escribo para constatar lo vivido.

Redefinición

A menudo, pensaba que un alma desnuda tendía a presentarse como su propio nombre lo indicaba: sin ninguna especie de apariencia, ni nada que impida verla directamente con más defectos que virtudes. Es verdad, un alma desnuda es eso, pero también puede llegar con armazón incluido. ¿Qué mejor muestra de sinceridad que aquella que dice «no quiero arriesgarme»? Un alma desnuda no difiere de aquella que se presenta con un millón de ornamentos para cubrir o adornar defectos o puntos vulnerables; son idénticas, todo depende de la intención. «Tengo miedo y la mejor manera de demostrarlo es cubriéndome». A veces el miedo nos lleva a disfrazarnos, pero nunca dejamos de ser nosotros, en ese fondo donde aún vive nuestra intimidad. Y así nos mostramos al mundo para ver quién intenta franquear esa barrera, sabiendo de antemano que ganarse nuestra confianza le costará bastante, porque no solemos abrirnos con cualquiera. Al final solo se quedan en nuestra vida aquellos que son capaces de quitarnos la armadura de encima. Y sin que necesiten mover un solo dedo.

Efecto búmeran

He leído varias novelas, he escuchado canciones, he tocado instrumentos y hasta me permito cantar en la ducha. La soledad también es arte. Te envuelve, te acurruca, te hace dormir entre sus brazos. Las personas creen que soy un tipo raro, pero no les he contado que soy la edición limitada de una excentricidad única. Que no es que esté triste, es que estoy feliz por dentro; que no es que respete sus vidas, es que no creo que valgan más que la mía como para dedicarles tiempo, y paso de largo. No soy el príncipe heroico, soy el dragón en su castillo. No uno que lanza fuego, pero sí uno que tiene alas. Y me doy la libertad de marcharme cuando quiera, de volver si es que no he arruinado suficiente las cosas. Ya no quiero ser el héroe de una chica, de eso me he cansado. Quiero ser mi propio ídolo. He visto que vivir de esa forma es mejor hoy en día. Dejar de sostener a otros para escalar yo mismo, aunque decepcione a gente por el camino. Ese es el favor que me ha hecho el mundo, y quiero devolvérselo.

Noches

El sentimentalismo enerva en noches como esta, cuando el silencio se acopla a mi ritmo cardíaco y ciertos recuerdos saltan de su letargo hasta hace unos minutos inalterable. Noches en las que hago una remembranza cronológica de sucesos que tuvieron lugar en mi vida hace meses o años y que son tan fáciles de traer al presente. Noches donde la paz anida en el sueño y el miedo acompleja al futuro, donde la máscara es el reflejo de lo obvio y el verdadero rostro un simple óleo en blanco a merced de una esperanza artista a ratos libres. Noches donde el mundo rota a una dirección distinta, donde la oscuridad es una llama encendida y donde el frío deja menos cicatrices que una herida. Noches tibias, de ecos profundos, de sombras sin nombre, de pasos sin dueño y rutas desiertas; de pasillos que se alargan, de un sueño que nunca llega, de manos que escalan el muro de lo insalvable, de gente que no existe, de aquellos que se han ido. Noches de este tipo, catalogadas en lo indefinible, en lo abstracto, y situadas en la cúspide de los sinsabores…

El milagro de su existencia

No he necesitado al genio de los tres deseos,
ni el trébol de cuatro hojas,
ni ninguna estrella fugaz en el cielo
para saber que, aunque sea por un minuto,
tuve toda la suerte del mundo
solo por verla de lejos,
con su sonrisa confirmándome
que ni las cábalas le hacen justicia,
y que el milagro
ha sido el saber que existe,
saber que sonríe,
saber que su sombra
transita por las mismas calles
en las que alguna vez
yo también fui feliz.

Espectador de lo imposible

Tuve heridas que cicatrizaron, he vivido momentos que olvidé, salí con chicas que ahora desconozco, tuve amigos que se fueron. No me quejo, ya no me duele, pero tampoco me hace feliz. Es la historia que se repite, los que cambian son los personajes. Yo solo me quedo a verlos pasar, como un buen espectador de lo imposible.

Arte

Las mejores películas son aquellas cuya primera impresión es impactante, pero que, durante la segunda vista o la tercera, uno se aventura a través de los pasajes que ya conocía y en los que, curiosamente, cada vez descubre más y más detalles. Lo mismo ocurre con los buenos libros. Muchos de los detalles que emergen pueden ser desde nimiedades hasta determinantes, tanto, que son capaces de cambiar totalmente lo que habíamos tomado en un inicio como una idea general de la trama. Es preciso reconocer esta particularidad en el arte y nuestra condición de turistas impresionables: un primer vistazo no es suficiente para conocer a fondo una ciudad. De ahí que el buen arte no es predecible, sino subjetivo y al mismo tiempo imparcial, abstracto, con relieves que provocan espejismos de los que uno jamás desea escapar. Esto se da también, y con mucha frecuencia, en las personas. Las mejores personas son arte. Y el arte siempre brinda nuevos motivos, nuevas hazañas, nuevos paisajes. Nunca deja de sorprendernos.

Casualidad

¿Alguna vez te has puesto a pensar que los pasos que he dado, en su mayoría, han sido improvisados? Nunca los planeé, quise ir por otras rutas, pero en ocasiones, imagino, solo nos queda ceder a las casualidades. He conocido gente y ha sido maravilloso, he pasado días horribles y también ha sido maravilloso. No te confundas, no niego el dolor de las malas circunstancias, no niego las ganas de morirse, no niego que hubo momentos en los que el deseo de desaparecer me haya dominado, solo digo que sin todo eso no hubiese llegado a ser lo que soy ahora. Tal vez no soy el mejor del mundo, pero soy mejor que yo mismo hace algún tiempo. Y quiero decirte que, si algún día necesitas llorar, si alguna vez te parece que tu sitio está lejos, que esta vida no es la tuya, no estás equivocado, así que llora, grita, rompe las cosas, pero no olvides nunca que la transición conlleva pasar por cierto filtro de dolor y aprendizaje, que luego te llevará a un estado de madurez y plenitud. Sucederá entonces que, cuando menos lo pienses, estarás siendo tú pero distinto, mejor, rodeado de personas maravillosas, a las que terminaste conociendo por casualidad.

Llamada perdida

Después de haber marcado el número y esperar, sonó el primer timbre, largo y tendido. Él pensaba en algo que decirle. Podría comenzar, por ejemplo, por pedir perdón. Con frecuencia, en las fases más avanzadas de la tragedia, la desesperación dicta su más sabio consejo: la piedad ajena se alcanza con la aceptación del error propio. Le había estado dando vueltas a eso. Durante muchos días, no podía ni conciliar el sueño al pensar que ella podría haber dejado de dormir sola. Aun así, en mitad de aquel terrible suplicio, aguardaba una esperanza. Le temblaba la mano y el sudor comenzaba a hacerle cosquillas en la espalda.

Sonó el segundo timbre, largo y tendido.

Suspiró. Tenía varios suspiros con un solo nombre. Se preguntaba a qué sabía la esperanza y si tendría el mismo sabor que sus labios. Quizá no volvería a besarla nunca, pero aquella mirada —innegablemente— nunca volvería a dejarlo dormir tranquilo. Había conocido a muchas mujeres después de ella y siempre había deseado volver a sus brazos. Nunca se le ocurrió pensar que del amor no se escapa oteando otras puertas, sino cambiando el camino, y si aquel camino no llevaba a ningún sitio, es porque nunca necesitó realmente escapar. Pero ella lo había atrapado. Incluso con sus defectos, que es la típica artimaña tan socorrida de la ilusión, cuando creemos ver en otra persona todo lo que nadie nunca vio en nosotros.

Sonó el tercer timbre, largo y tendido. La espera comenzaba a arderle en las entrañas. No habían sido las demás mujeres el problema. Cuando uno quiere a alguien, lo hace sin saberlo y, cuando se da cuenta, no solo el retorno se vuelve imposible, sino que, además, el mundo que creía haber construido, ese mundo tan fiel a sus sueños, sencillamente desaparece. Ella era su mundo. Quizá por esa razón le parecía que, al perderla, una parte de él se perdería también. No es nada raro considerarlo de esa forma.

Alguien tan cercano tiende a convertirse en extraño cuando quien era la razón de su estadía de pronto se aleja sin dar explicaciones. Así que el problema era él, sin duda. Quiso que todo fuera distinto, quiso ver en otras ese brillo en los ojos que ya no veía en los de ella. Días de congoja los habían dirigido a esa situación. Silencios, disculpas, roces, rutina. Lo último era lo peor. Si quieres matar el amor, no lo engañes, simplemente consigue que se aburra.

Sonó el cuarto timbre, largo y tendido. ¿Es que acaso ella no pensaba contestar? Probablemente, le costaba lidiar con la incertidumbre, tal como le había costado a él marcar su número. El orgullo y el miedo, cuando se juntan, logran acabar con el progreso de toda una vida. Hacía tiempo que no sabían nada el uno del otro. Un malentendido resultó ser la catástrofe. Creó un vacío con sus ondas expansivas y en cada rincón de su ausencia brillaban los recuerdos. A veces sonreían con tristeza, rememorando el tiempo que se les fue de entre las manos, cada quien por su lado, cada quien con ese orgullo disfrazado de miedo, de profunda incertidumbre ante el futuro, porque todos le tenemos miedo a aquello que no puede verse, pero le tenemos verdadero pavor a aquello que no podemos controlar. Ella dedicaba canciones a las fotografías. Y él, con una lágrima, escribía su nombre en el libro más profundo de su alma.

Sonó el quinto timbre, largo y tendido. Seguro que ella está haciendo algo importante, se dijo. «No deberías interrumpirla a menos que sea urgente». Pero ahora que es su día libre, ahora que es fin de semana, ¿qué podría impedirle contestar el teléfono? O quizá ella ya lo sabía y estaba esperando su llamada precisamente para no contestarle. Tal vez, amparada en ese maravilloso y terrible sexto sentido, ella ya esperaba sus pretextos al otro lado de la línea, en un intento de pintar de rosa lo que nunca dejó de ser gris. Pero él no quería aceptar esa idea. No dejar ir a alguien que ya se ha ido nos convierte en esclavos de un deseo que no va a cumplirse.

Sonó el sexto timbre, largo y tendido. El sexto es el vencido, pensó. Si no contesta ahora lo habrá entendido todo. Y mientras el momento se acercaba, decidió dejar su destino atado al auricular, contando los segundos a precio de condena. Al otro lado reinaba el silencio y todos aquellos recuerdos se rompían en jirones que ondeaban en su mente y se desvanecían al mínimo contacto del olvido. Esperó y esta vez no hubo timbre. Alguien levantó el auricular, una voz al otro lado le encendió los nervios; iba a comenzar a hablar, a confesarse, a rendirse, a poner la cabeza bajo la guillotina y rogar que nunca se le ocurriera soltar la cuchilla. Pero entonces una estocada en el corazón hizo que volviera a la realidad de forma brusca.

Si desea, deje su mensaje después de la señal.

Pero ya había colgado.

Estrella

Fue accidental aquel beso impetuoso
de dos labios que chocaron inertes;
fue un lunes, primer día de enero,
de un año donde ya nadie hacía promesas.

Y murieron dos estrellas fugaces en este cielo celeste.
Un viento coronaba la cima de sus dedos
que resbalaban desde el cuello a la cintura.
Los árboles mecían ramas espesas,
mientras la gente, sin saberlo, como siempre,
dejaba pasar el tiempo a rastras de la espera.

Fue un beso tan largo que aún hoy
siguen húmedos los deseos.
Fue bonito y triste
como todo lo que acabará algún día.

Dos cuerpos a punto de marcharse,
dos mentes que se estaban conociendo,
dos bocas que no querían despedirse,
porque sabían, dentro de esa intimidad,
que de algún modo se pertenecían.

Aquel beso también fue ineludible
como todo lo hermoso y trágico.
Hermoso como el roce de una caricia
y trágico como la explosión de una estrella
que ya no cumplirá más deseos.

Recuerdos

Es inevitable sentirse ajeno a ciertos recuerdos. Cuando el tiempo pasa, arrastra consigo esa sensación de familiaridad que nos ataba a ellos y, de pronto, las personas y los lugares, y todo aquello que terminó por marcharse, se nos hacen extraños por el solo hecho de estar lejos. Pudieron haber ocupado un lugar importante en nuestra vida; pudieron, en su momento, significar nuestro mayor tesoro, pero el tiempo no perdona y a cada primavera le llega su otoño. Esos recuerdos que tenemos ahora pasarán a ser la realidad de otras personas, y ellas a su vez tejerán un lazo de cercanía que, años más tarde, si este ciclo se repite, verán a sus mayores tesoros marcharse lejos, a formar parte de la vida de alguien más. La vida se compone de momentos y siempre quedará de ellos esa grata plenitud de haber sido parte de nosotros. De haber cambiado para bien o para mal nuestras decisiones, el rumbo que tomamos; de habernos hecho conocer nuevos lugares, sensaciones… Eso es lo que se queda: el momento, no los elementos que lo componen. Las personas se van, cambiamos de paisajes y, sin embargo, el recuerdo permanece, aunque luego pasemos largas jornadas sintiéndonos unos extraños intentando convivir con nuestro pasado.

Experiencia

Me he dado cuenta de que lo que tenía por musa, esa fisonomía, esa idea, poco a poco va difuminándose con los acontecimientos que se presentan en mi vida. Antes una musa era la chica que me gustaba y se limitaba a quedarse bajo ese marco conceptual de idealismo, no salía de él. Claro que solía teñir esa aura con detalles en muchos casos ajenos a su personalidad, hacerle ver cosas que nunca ha visto y narrar hechos que nunca he vivido con ella pero que me hubiese gustado que ocurrieran. Mi escritor interno es especialista en eso y yo nunca le he discutido nada. Ahora mi musa usa el labial de cualquier mujer, calza y viste del color de la ciudad, y a veces suelo encontrarla incluso debajo de una piedra o al otro lado del espejo. ¿A dónde voy con esto? Mi musa es cambiante, varía sus formas, sus vistas, de acuerdo a lo que voy conociendo en mi vida. A veces es una chica de paso, a veces son mis recuerdos, otras mi familia, de vez en cuando es cualquier evento que se presenta, abstracto, a adornar mi rutina. Y en otras ocasiones, para mi propia sorpresa, mi musa soy yo mismo. Eso la hace más interesante: lo inestable, lo novedoso, que viene y se va de acuerdo al ritmo con el que suelo dirigir mis pasos. No siempre mi musa tiene curvas, no siempre mi musa es luz, no siempre es hermosa, no siempre la quiero, no siempre es buena, no siempre me duele. Mi musa es la experiencia.

Minutos inertes

Te vi bajo la sombra de flores marchitas
y tu sonrisa encarcelada me habló a gritos,
me dijo ven,
te necesito,
abrázame,
hazme un sitio a tu lado.

Hacía frío, no podía negarlo.
La lluvia había dejado tras su paso
un mar de gente deambulando a solas
por calles que se hacían más largas
con cada segundo.

Tú fuiste la única
que se quedó atada
a la esperanza
como quien se guarece
de un temporal inevitable.

Quise abrazarte, pero no pude frenar tu ahogo;
quise llevarte, pero no te pude mover de tu sitio;
quise darte calor, pero no dejaste de temblar de frío.

Y esas flores marchitas
que la presión del clima maldijo con la muerte,
se deshojaron con tu ausencia,
buscando tus pasos que se alejaban conmigo,
mientras la lluvia hacía una segunda entrada
en los minutos inertes de esta ciudad maldita.

Olvido imposible

Cuando al mirar esta calle aún nos recuerdes,
cuando al pasar por mi casa te nazca acercarte,
cuando el café lo quieras acompañado
y las sábanas lleguen a enfriarse más rápido.

Cuando te veas al espejo y extrañes mis ojos,
cuando la canción del silencio mencione mi nombre,
cuando al ver las parejas me quieras muy cerca,
cuando me encuentres y te quedes tan muda...

Así sabrás que el olvido no existe,
sabrás que el tiempo pasa y no cura,
que fueron mentiras todas las promesas,
los intentos inútiles y tan socorridos.
Sabrás también que la lluvia ahora quema
y que los sueños no siempre se cumplen.

Cuando al trajinar en los días te pesen las horas,
sabrás que la vida no busca abrazarte;
cuando tras las ventanas se siga viendo el pasado,
sabrás que hay heridas que nunca se cierran;
y cuando me sorprendas mirándote en silencio,
sabrás también que no he podido olvidarte.

Estaciones

El cielo despejado en tus ojos brilla claro,
respiras el aire de oriente y suspiras,
miras alrededor y oyes esa música,
tan lejana, que hace bailar a tu alma.

Decir que te quiero resulta insuficiente,
amarte es tan inevitable que asusta.

Navegar en tus mares es un naufragio
y si el paraíso es tu boca
ya no seguiré buscando.

Quedarme atado a tu risa es un sueño cumplido
y si te vas sin mirarme me clavas la duda.

No volverán las lluvias hasta enero,
abrázame fuerte mientras tanto.

La primavera son tus manos en mi espalda;
el arcoíris, tus ojos en los míos.
Lo entenderías si me miraras de esa forma.
Solo deja que mis labios te lo expliquen:
las estaciones dependen de tu cuerpo.

Cenizas

Me llamas. Desesperada me llamas. Te tiembla la voz y gritas, y maldices la distancia amarga. Y vuelves. Sin opciones, pero vuelves. Y apartas de en medio las piezas, y armas un castillo más alto, más fuerte, a la altura de tus expectativas. Te encuentro. Ya sin esperarlo te encuentro. Y me quedo a tu lado como si no lo creyera. Has estado esperándome. Ya sin razones, pero lo has hecho. No ha vuelto a salir el sol desde entonces y ya han pasado varios meses. Aún recuerdo ese día. Fue un día como cualquiera, pero único. Estabas triste, traías los ojos cansados, como si algún incendio te hubiese devorado el alma. No lo supe entonces, pero te quise. Y el amor no era un recuerdo de infancia, ni un viaje sin retorno a aquellas vacaciones infinitas, no. El amor fue aceptarte, creerte destinada a terminar tu vida a mi lado. El amor nos salvó y yo, que nunca había creído en él, de pronto cerré los ojos y deseé que aquel instante no se terminara nunca. De aquel día hace varias tristezas. Hoy has vuelto a llamarme porque has reconstruido aquel castillo que derribaste. Nunca te culpé de aquello y ahora tampoco lo hago. En algún momento me olvidé del pasado, supongo que fue al mirarte a los ojos. Supe al abrazarte que iba a quererte siempre, bajo cualquier incendio. El amor también es resurgir de las cenizas.

Distancia y reproche

No había tanta gente al principio,
apenas unos cuantos aficionados.
Luego llegaron y entre ellos la vi.
Aquel chico la abrazaba por la espalda
y le correspondía con aquella sonrisa que,
en más de una ocasión,
ha vestido la piel de mis deseos.

En la pantalla jugaba la selección nacional,
en mis ojos jugaban la distancia y el reproche.
El fútbol y yo casi nunca nos hemos entendido
y justo cuando intenté reconciliarme con él
apareció ella y entorpeció mis pasos.

Lo peor es que lo sabía.
De vez en cuando me miraba
y al reír sus ojos no cesaban en buscarme.
Lo sé porque yo no había dejado
de atisbarla tampoco.
Y a cualquier roce de miradas,
yo desviaba la vista, haciendo galantería
de mis ridículas esperanzas.

Había pasado tantas veces soñando con ella
que justo en nuestro próximo encuentro
la sorprendí más lejos que nunca
a apenas unos pasos de distancia
en los brazos de alguien
que no llevaba mi nombre.

El primer grito de gol me devolvió a la realidad.
Nos miramos de nuevo,
sin saber si era casualidad
o si lo hacíamos a propósito.

Sonreía como antes, miraba como antes,
su cara era la que recordaba, su cuerpo…
Pero había algo en ella que me decía que no,
que pude haberla visto en sueños,
pero no en la vida real;
que no era ella a quien quería,
sino a otra que se le parecía tanto.

Y aun si hubiera confundido a la chica del escaparate,
no puedo negarle el mérito al destino
de poner junto a mí a alguien
que bien podía reemplazarla sin problemas.
La vida suele ser injusta, aunque si lo pienso,
no estaría mal que existan los reemplazos
para reparar la ausencia de ciertas personas.
Lo triste es no poder quedarse ni con una ni con la otra
y entonces los reemplazos solo servirían
para que la soledad se duplique.

Puede que la haya confundido,
puede que no haya sido ella.
Al día de hoy me sigo preguntando
si la chica del escaparate
recordará a aquel que la miraba en silencio,
hacía años, en aquella tienda donde también
su amiga me cantaba canciones
sin necesidad de abrir la boca.

El segundo gol no fue nuestro.

Durante el resto del juego yo fingía mirar la pantalla,
hablar con mi amigo de jugadas y cambios,
pero en mi mente no había más lugar que para ella.

El tercer gol fue aplaudido
como si la gente estuviera en el estadio.
Me di cuenta de que a ella
le gustaba el fútbol más que a mí.
Y nos seguíamos mirando, nos seguíamos buscando,
como se buscan siempre los polos opuestos.

Hubo un gol más y un pesar menos.
La gente dio vítores, ella abrazó a su chico,
yo temía que cuando se acabara el partido,
se acabaran también las miradas,
las sonrisas, las casualidades
completamente intencionales.

El final nos desperdigó a todos
y cada quien volvió a su casa.
La última mirada que nos dedicamos fue
como una despedida silenciosa.

¿Nos volveremos a ver?
No lo sé, pero ojalá.
¿Entonces sí te acordaste de mí?
Nunca olvidaría esa sonrisa.
Ha sido un placer volver a verte.
El placer ha sido completamente mío.

Mi amigo ni siquiera la había visto
y quise creer que, por un momento,
ella y yo solo existimos para nosotros.

A veces la esperanza es así, pero como el fútbol,
ella y yo casi nunca nos hemos entendido.

De vuelta a casa vimos a la gente celebrar;
la selección ganó por tres goles a uno,
pero yo hace tiempo que en el amor
voy perdiendo por goleada.

El dueño de tu remordimiento

Si vas a echarme de menos,
no funcionará la ausencia,
no funcionará esconderte,
ni siquiera desviar la mirada
de todos los poemas que alguna vez
nacieron en el nido de tu boca.

Si vas a echarme de menos olvida olvidarme
y recuerda que te recuerdo siempre
cada vez que alguien me habla
de los amores que duelen toda la vida.

Convierte mi nombre en sinónimo de dolor,
en el huracán que vive en tu pecho,
en ese viento húmedo
que te recuerda que eres vulnerable.

Si vas a echarme de menos hazlo con ruido,
que se note el dolor en tu sonrisa,
que cada mirada te cueste un rechazo,
que conciliar el sueño por las noches
te signifique una odisea.

Ódiame si quieres; maldíceme si hace falta.

Llora por los rincones que compartimos
y déjate masacrar cada noche por los recuerdos.

Hazle saber al mundo que estás rota,
que sigues pasando frío sin mis brazos,
que el amor es otro sueño del que despiertas
casi desnuda, casi con miedo, casi acabada.

No des tregua cambiando
el sufrimiento por el orgullo;
que no se te acaben las fuerzas
de no querer despertar cada mañana.

Que vayas y grites mi nombre a los espejos
esperando que en cualquier momento
aparezca ante ti
y llénate de esa esperanza vacía
al saber que no voy a hacerlo.

Si quieres echarme de menos, querida,
no funcionará con ignorar mi existencia,
con no devolverme el saludo,
con seguir con tu vida como si yo fuera
un simple desconocido
que solo se ha equivocado de casa.

Llórame, grítame, extráñame,
rómpete deseando que mis manos te cosan,
abraza a otros buscándome a mí,
bésalos como si con eso pudieras
lograr que mi recuerdo te perdone.

Pero no olvides nunca que ese es el precio
de haber pensado que sería eterno.
Que iba a estar para ti siempre
aunque lo único que recibiera a cambio
fueran limosnas sentimentales.

No olvides que te quise con el alma
y que fue mi alma lo que te llevaste.
Que yo también te esperé horas,
que pasé noches en vela,
que rechacé otros caminos
cuando pude irme y no lo hice.

No olvides que también lloré
cada calendario que tachábamos
ya no como enamorados
que cuentan los días que llevan juntos,
sino como reos
que restan los días para salir libres.

Y que hui sin llevarme casi nada
dejándote a ti que tenías casi todo,
que también me martiricé pensando
que nunca fui suficiente
sin tener en cuenta que en realidad
comencé a sentirme vacío desde que te quise.
No te odio más de lo que ahora
te odias al perderme,
pero ya no te quiero
como cuando éramos posibles.

Ya tu sonrisa no me sabe tan dulce
si no soy yo la razón de que la luzcas;
ya no sueño contigo ni duermo pensándote;
ya no espero que vuelvas y aunque lo hagas
te advierto que voy a desconocerte.
Solo entiende que es un acto de autodefensa:
alejar los escombros
no me hace responsable del derrumbe.

Y por si te lo preguntas, nunca negaré que te quise,
pero tampoco volveré a mencionar tu nombre.
Lo guardaré muy adentro como un secreto
porque nunca me gustó hablar de mis heridas.

Ahora tu remordimiento me pertenece.
Y tus sueños y tu insomnio y tu tristeza.
Son mías todas tus ganas, todos tus anhelos
de cambiar de piel y de memoria.

Te pido que nunca me olvides
y si has de seguir llorando
como alguna vez lo hice
recuerda que saldrás de todas formas.

Vas a olvidarme y no te hará falta
ignorar mi existencia para eso.
Volverás a ser feliz, pero no a estar completa.
Y aprenderás a caminar
dejando piezas rotas por el camino.

Pero un día amanecerá y sabrás
que yo ya me he ido para siempre
y que de mí solo te queda
un montón de páginas con tu nombre.

Te alejarás sin remordimientos,
créeme.
Soy la prueba viviente de ello.

Mientras tanto, extráñame,
pídeles a las estrellas mi retorno,
sigue sintiéndote vacía en las fiestas.
Yo de alguna manera estaré ahí
recibiendo de vuelta
todo lo que te di primero.

Absurdos anhelos

Ella camina en silencio. Detrás de ella estoy yo; nos separan apenas unos pasos. Ella no me ha visto porque la multitud de personas la distrae. No sé cómo tomarlo, pero me resulta bastante fácil confundirme con el resto, ser uno de ellos. No ocurre lo mismo con ella. Lleva una falda roja, abrigo de piel, pendientes brillantes, un brazalete de plata y esa sonrisa que puede ver todo aquel que viene contra ella y no el que va en su mismo sentido. Estoy seguro de que sonríe porque siempre es feliz con ese atuendo.

Es imposible confundirla, creer que una mujer como ella puede pasar desapercibida. Incluso los escaparates de esas tiendas frente a las que camina lo saben, la dibujan con un tono distinto y le devuelven su reflejo como si ella fuese la que les pone color a las calles tras su paso. Hace frío. No tanto como para congelarse, pero sí el suficiente como para que el sol se derrita antes de atravesar aquel sudario de nubes que cubre el cielo de esta ciudad tan gris y triste. Entre todo este marco desteñido, ella camina y yo sigo sus pasos como una sombra.

La conozco desde hace mucho, aunque quizá ella no recuerde mi nombre. No fui muy claro al decírselo y, cuando quise invitarla a salir, ella se disculpó y se fue sin dejarme su número. Pero la he encontrado. Esa manera de caminar, ese cabello castaño, la forma de sus hombros, el descender suave de su espalda. Sé que es ella. Y creo que debería acercarme más para seguir el consejo que me dio un amigo al que decidí compartir parte de mi dilema: «Si no tienes los suficientes huevos como para ir tras esa chica, romper el silencio y plantarle cara a tus deseos y sentimientos, mejor olvídalo. Te convertirás en un cobarde, pero al menos tendrás la calma de no haber jodido las cosas». Supongo que las cosas no están jodidas aún, pero me odiaría si lo hiciera. A veces no intentarlo tiene su excusa: te detienen tus propios anhelos, tus propios pensamientos que te dicen que no te atrevas si no quieres perderla; que, en cuanto ella sepa lo que sientes, saldrá corriendo.

Guardo la calma fría y sonrío. Ella cruza la avenida; yo detrás, con este olfato de perro hambriento, la sigo guardando cierta distancia. Se nota que le gusta caminar. A su paso, árboles y edificios la cubren con sus sombras. Su cabello ondea al viento; lo mismo ocurre con su falda, mientras que yo aún estoy eligiendo las cartas para mi próxima jugada. Se detiene frente a una tienda de ropa y mira la tendencia de la temporada. No puedo asegurarlo, pero algo me dice que el clima depende de lo que traiga puesto y no al contrario. Ganas me sobran de invitarla a comer. No a un restaurante, sino a un rincón especial en este ancho mundo. Puede que encima de un puente, en las alturas de un edificio, bajo un atardecer de esos donde abrazarse esté de moda; si no al mar, al campo; si no de noche, de día. Invitarla a comer para saciar esa hambre que nada tiene que ver con el estómago.

Ahora la chica del cabello castaño aparta la vista del escaparate y continúa su travesía por las calles. Algunos hombres ya la han mirado y ella, como si no los advirtiera, aplasta sus deseos con cada paso que da en la acera. Se marcha sin más, hacia un paradero de taxis. Sé que me queda poco tiempo y apresuro el paso, para comprobar acto seguido que la vida tiene un sentido del humor tan cruel que hace que la gente se interponga en tu camino cuando más prisa tienes. La veo abordar el primer taxi de la fila y abrir la puerta. Antes de subir, sin embargo, se detiene, como si presintiera algo. Mira en mi dirección y sonríe. Me detengo en seco, completamente confundido, aterrado y aliviado. «Después de todo —pienso—, no se ha olvidado de mi nombre». Intento forzar una sonrisa para corresponder la suya, pero entonces alguien se me adelanta y camina con dirección a ella. Es una mujer. Las dos amigas se saludan e ingresan juntas al taxi. Aminoro la marcha, ya rendido, viendo cómo la silueta del vehículo se va con la misma velocidad que mis absurdos anhelos.

Yo me quedo ahí, sin saber ya dónde meterme, consciente de que de nuevo no hay ningún progreso, pero manteniendo la tranquilidad de no haber jodido las cosas. Quizá otro día vuelva a encontrarla. Y espero dejar de ser un cobarde para entonces.

Mi hogar

De ti amo todo aquello que se ve
y todo aquello que se siente.
Lo que dices, pero sobre todo lo que callas.
Lo que escondes tras una mirada a la nada
y tus *estoy bien* cuando los dos sabemos
que estás lejos de sentirte de esa forma.

Me gusta abrazarte cuando estás triste,
aunque no te gusten mucho los abrazos
y aunque estés más triste de lo que admites.
Me gusta descubrir contigo el mundo,
ser quien te guarde mejor los secretos,
ser el primero en el que pienses
para compartir algo nuevo que te ocurra.

Y estar ahí, en las buenas y en las malas,
aunque más en las malas que en las buenas,
y convertirlas a todas ellas en un pretexto
para quererte mejor de lo que me quiero.

También me gusta tu cintura,
la curva mortal de tu boca,
y esa manía de tener siempre la razón,
aunque te equivoques.

Me gusta gustarte y que te gustes,
sin importar el orden, pues el resultado
siempre será el mismo: yo queriéndote.

Eres poesía y yo te escribo,
te recito versos
que surgen en tu mirada
y se deslizan por tu cuello,
posando en esas clavículas
que esperan ansiosas mis besos.

Por eso me gustas,
por ser malditamente deseable,
por guardar entre tus labios mi destino
y atar mi libertad a tu cuerpo.

Te quiero como quiere el otoño a las hojas,
no hablo de que sea necesario morir para volar,
hablo de volar contigo hasta matar los miedos.
Te quiero como quiere el ciego a la luz,
no hablo de saber que existes, aunque no te vea,
hablo de que no hace falta verte para saber que existes
y que eres hermosa.

Por eso también me resulta imposible
no encontrarte a la siguiente página de un libro,
o que llegues cuando, a oscuras,
yo ya no espero nada.
Me resulta imposible no encontrarte en el viento,
sobre todo porque sabes que amo el frío.

Es imposible evitar ver tu nombre
en el cielo estrellado de la noche.
Imposible como inventar una nave
que huya de la jurisdicción de tus piernas.
Imposible como olvidar que a tu lado
cualquier canción se convierte en hogar
y que mi hogar está donde te encuentras tú.

Viajes de solo ida

La quise como se quiere todo lo imposible, con ese deseo casi enfermizo, pero pasional, de cambiar mi vida por una mirada suya. La quise con ese frenético modo de sentir el corazón latiendo cada vez que pronunciaba mi nombre. La quise con miedo, con plenitud. La quise porque al mirarla siempre tuve la sensación de que las palabras sobraban. Quizá la quiero ahora mismo, pero no dudaría en dudarlo, en preguntarme si acaso esto que me sobra es aquello que le falta.

Ahora mismo, de no haberla dejado ir, estaríamos mirando alguna película, o planeando nuestro próximo viaje. Sé de ella que le gusta viajar, al menos aún hoy, cuando ya ha perdido muchos aviones. Y pintaría su vida de aeropuertos con viajes de solo ida, para que ningún lugar sea igual que el anterior y para que pueda olvidar de una vez por todas las cosas que la ponen triste. Puede que aún la esté queriendo, así, con este miedo de perderla del todo, de que se vaya más lejos y conozca a alguien que le explique mejor que yo por qué «te quiero» no se le dice a cualquiera.

La quiero al punto de no haberla olvidado tras varios intentos, tras escribir de lo absurdo que es querer a alguien que está tan lejos. Seguramente, por ella siento lo mismo de antes, pero no con tanta fuerza. Hoy me atrevería a decir que la quiero de un modo diferente, de ese modo de no volver al pasado, de ese desear que sea feliz donde se encuentre y que algún día no tan lejano consiga olvidarme y deje de estar triste. La quiero porque un día me gané un lugar en su vida del que no quiso sacarme nunca y aun así me fui.

La quiero con todo el asco que siento por mí mismo, con todo el odio que le tengo a mi reflejo. La quiero hasta dejarla marchar tan lejos y prometerme no llorar si se despide. De ese modo de querer los imposibles, de aprender a soltarlos y confiar en que el próximo vuelo que tomen los lleve a los brazos de alguien que sepa quererlos mejor.

El calabozo de tus recuerdos

Quiero confesarte un delito: te extraño.
Pero no es un te extraño falto de sentido,
tampoco uno de esos desesperados;
no es un te extraño mentiroso,
pero tampoco es se esos que tienen
la verdad absoluta.

Es un te extraño ilícito, sí;
de esos clandestinos, también.
Es un te extraño oculto a la luz del día,
de esos que solo actúan en la oscuridad
de las noches más nostálgicas de mi vida.

No un *te extraño* de «mira cuánta falta me haces»,
sino uno de «las cosas irían mejor si estuvieras».
No un *te extraño* de «quiero que vuelvas»,
sino uno de «quiero irme contigo».
No un *te extraño* de
«me pregunto qué estarás haciendo ahora»,
sino uno de «qué estaríamos haciendo juntos».

Y es ilegal, es un crimen,
porque no debería sentirlo.

No debería haber cedido a la tentativa
de confesar este anhelo casi enfermizo,
de vivir atado a la desesperación
que causa el que no estés,
el que no haya podido olvidarte
y que cada día te extrañe aún más
hasta convertir mi vida
en una constante mención tuya.

He oído que no es malo extrañar a alguien,
que lo malo es necesitarla para ser feliz.

Y yo, que casi nunca he amado lo que hago,
siempre te amé a ti,
porque al hacerte feliz sentía
que tu felicidad era mía también.

Estoy seguro de que por eso te extraño:
no soy feliz
si tu felicidad no es conmigo.
Y seguramente también
esa es la razón por la que te necesito.

Así que, sin aguantar más el remordimiento,
me he entregado en manos de la justicia
de la nostalgia y la pena ahogadas,
y pasaré el resto de mi vida encerrado
en el calabozo de tus recuerdos,
condenado a no recibir tus visitas
y con el único derecho de guardar silencio
si vuelvo a sentir algo por ti.

Espero que la pena dure solo unos años,
aunque si ha de ser cadena perpetua,
tampoco sería algo descabellado.
Después de todo, no es nada nuevo,
pues he pasado extrañándote toda mi vida
desde que te conozco.

La peor suerte de todas

Ya no estás donde solía encontrarte,
ya los buses han cambiado de ruta
y la nostalgia me ha dicho que ya no,
que ya no quiere hacerme daño.

Te has marchado, pero has olvidado algo.
A veces también me pregunté si lo hacías a propósito:
el no irte del todo, recordándome el pasado,
el atarme a esa esperanza que me envuelve en la tiniebla.

Ya no te veo, es cierto, pero estás;
ya no te toco, lo acepto, pero te siento,
y podría jurar incluso
que si te llamo responderías,
pero eso me haría feliz,
y ya sabes que en una convivencia
un poeta y la felicidad
nunca son compatibles.

Así que asumo que me olvidas,
que has encontrado caminos
que no llevan a la tristeza,
como si la vida por fin
se hubiese puesto de tu parte.

Yo nunca he creído en la suerte,
pero al verte marchar supe
que tenía la peor de todas.

Asumo también que serás feliz buscando
la libertad de la que siempre me hablaste.
Y yo mientras tanto te estaré escribiendo,
desde este lugar que a mi pesar abandonas,
como quien deja mensajes en el buzón
de un número que ya no existe,
como quien te da el gusto de hacerte infinita,
de durar lo que me dure la poesía
sangrando a través de mis muñecas,
desde el corazón al folio
y del folio al olvido.

Hoy camino a solas, viajo a solas,
canto a solas, río a solas,
pero siempre me acompañas.
Siempre, como si tu presencia
fuera un perfume
esparcido por el mundo.

Es de lo que hablaba al inicio:
al irte no te has marchado del todo,
tu recuerdo se queda conmigo,
nunca me enseñaste a olvidarte.

Ese futuro

Eres la única chica con la que he querido todo. Y ese todo abarca varios planes y viajes, un matrimonio, una familia y algunas otras empresas. Eres la única con la que he querido realmente ser feliz, cumplir los imposibles, celebrar los aniversarios, no olvidar nunca lo cerca que he estado de hundirme hasta que me rescataste. Eres tú a la que he querido eternizar para siempre y morir a tu lado; escribirte como nunca y amarte hasta que se me acaben las fuerzas, y seguir buscándolas solo para no dejar de amarte, para no dejar que se nos pase la vida sin nosotros, sin esas peleas de quién quiere más al otro, sin los atardeceres bonitos, sin las noches preciosas.

Es imposible no creer que, ya lejos, aún tenemos ganas de encontrarnos. Te diría que yo aún te busco a diario, pero cuando estoy cerca de llamar a tu puerta, un miedo nace en mi interior y no me atrevo, como si te hubiese perdido al punto de creer que, cuando esa puerta se abra, quien salga no seas tú sino una desconocida. O que salgas tú y que, esta vez, el desconocido sea yo.

No olvido lo que tuvimos ni creo que vaya a hacerlo nunca. No solo porque eres tú y tu belleza me resulta cautivante. No solo porque has claudicado mis tristezas y supiste, en su momento, arreglarme este mundo roto y con tantas grietas. No olvido porque, cuando te quise, me prometí hacerlo *para siempre*, aunque luego no supe medir mis límites y este para siempre que pretendía romper hace tiempo, se ha ido prolongando hasta ahora, a trescientos y tantos días de distancia. Es un *para siempre* de esos a los que tanto les tenías miedo, el mismo que preferiste mantener alejado para que no te doliera cuando se terminara y que aun así terminó doliéndote el doble.

Es que nos quisimos como poco se sabe querer hoy en día: de una manera contradictoria, de esa forma de hacer promesas con cada sonrisa. La tuya era, es y seguirá siendo preciosa, lo supe desde que la vi por primera vez, el mismo día en que también comprendí que alejarme de tu sonrisa iba a dolerme más que perder la mía.

Nos quisimos así, sabiendo que estábamos en un estado donde alejarnos significaría matarnos un poco. Y luego la muerte nos hizo varias visitas, robándonos algo valioso en cada una de ellas. No hemos dejado de morir desde entonces, lejos de aquellos planes que difícilmente voy a querer cumplir con otra, esos planes que de seguro nos estarán esperando para demostrarnos que los *para siempre* realmente no tienen por qué tener finales.

Quizá la solución para este mundo que se cae, no sea volver, sino continuar hasta que nos tropecemos algún día de nuevo y no me reconozcas, y que al mirarme a los ojos mi nombre ni siquiera salte a tu memoria. Yo me presentaría ante ti como quien reescribe una historia desde la primera página. Te oiría reír como si nunca hubieses llorado antes, como si nunca te hubiese lastimado. Para entonces ya ni siquiera nos quedaría más que la promesa de una ilusión que no va a romperse, un *para siempre* a nuestra altura (o nosotros a la suya), una nueva oportunidad de esas que alguien más dejó ir. Seguramente, hasta volveríamos a creer en el amor y el único miedo que tendríamos será el no estar queriéndonos lo suficiente.

Si todo eso ocurre, lo más seguro es que no haya perdido de vista ese futuro y volvamos al camino de antes, con la diferencia de que esta vez no cometeremos los mismos errores —y a ser posible, ninguno—, hasta que llegue aquel día donde me atreva a romper el silencio y te diga, muy de cerca, que eres y siempre has sido la única chica con la que he querido todo.

Caos y confusión

No fue la luna la culpable,
ni las nubes ni sus formas.
Fue en aquella playa solamente:
me enamoré como un lector de un libro
y el libro era una joya hermosa como tú
y el lector era un inculto sucio como yo.

Fuiste tú y tus manos,
que tocaban como si fuesen lluvia,
y me recorrían acariciando: me inundaban.

Después, pasó el tiempo y el verano
se despidió demasiado pronto;
dejamos de abordar aquellos buses,
las calles se volvieron monstruos
que nunca nos dejaban vernos.
El tiempo y la gente, el mundo,
todo se hizo caos y confusión,
y lo pasamos durmiendo de día
y soñando de noche,
escribiendo posdatas en las paredes,
dedicando canciones tristes
y maldiciendo a nuestras espaldas
tantas madrugadas a distancia.

No fue la culpa de nadie, pero eso nunca lo admitimos.
No estuvo mal querernos, pero eso no lo vimos.
No debimos alejarnos, pero jamás lo previnimos.

Qué puedo decirte a estas alturas...
Desde aquí la lluvia sigue inundándolo todo,
pero ya no me recuerda a tus manos.
Y la luna y las nubes, ellas siguen hablándome
de cómo fue pasar el tiempo contigo.

Luego me enamoré de la tristeza de no volver a verte,
me enamoré del masoquismo de recordar tu rostro,
del aura salvaje de tus miradas y de la ternura de tus manos.
Me enamoré de tu sombra, de los caminos que recorrías;
me enamoré de tus pasos invisibles,
de los besos que no dabas.
Me enamoré de la calma y la tormenta de tu boca,
de aquella despedida invisible y mortuoria
de la que nunca aprendimos a recuperarnos.

Después las vistas ya no fueron las mismas.
Pasó el tiempo y pasamos nosotros,
o solo pasó él y nos arrastró consigo;
y me miraste extrañada,
como si me conocieras de algún lado,
sin recordar del todo mi nombre.

Cruzamos sin mediar palabra
pero ya no había luz ni razones.
Estuvimos tan cerca y nuestro calor
ya no pudo rescatarnos a ninguno.

Ha sonado un disparo.
Soy el único que lo ha escuchado.
El crimen ocurrió aquí dentro
y aunque todos lo vieron
nadie se dignó a mirarlo.

Fueron las noticias siempre malas
las que nos incautaron la esperanza.
Pero no fue nuestra culpa,
simplemente no pudimos asimilarlo.

No habíamos cambiado, apenas
nos estábamos conociendo.

La esperanza

Se ha abierto un claro en el cielo
bajo un torrente que clava un abismo en el aire.
La ciudad es ahora un títere del tiempo,
un aval de la incertidumbre
como el pasado que suele hacerme visitas
desde aquel lugar lejano y remoto
donde habita la memoria.

En aquel matorral fue nuestro primer beso:
infantil, torpe, cursi, atolondrado.
Fue también en invierno, solo que entonces
el cielo no sangraba tanto.
Hoy la ausencia juega con las sombras:
el paseo hacia el parque se ha llenado de grietas,
como cicatrices que el fantasma del recuerdo
deja siempre tras su paso.

En aquel lugar está la banca, triste
desde que la cambiamos por la inercia
de caminar a nuestras anchas
tan ilusos y cambiados,
sintiéndonos los dueños del mundo.

Ha habido reformas por este sitio.

Ya los niños no juegan en la calle,
les ha crecido el cabello y los años
les han robado el brillo de los ojos.

Por otro lado, las vecinas
ya no se reúnen a conversar en la tienda,
no hay muchachos fuertes jugando fútbol
en aquel complejo deportivo que también
vio de cerca nuestras escenas de romance.

Si me pagaran por ver las cosas tristes de mi vida
puede que ahora no viva de palabras,
ni ansíe los libros como monedas de pago,
como billetes de avión hacia lugares lejanos.
Pero esta es la realidad y no sé…

La gente se ha revolucionado,
el caos reina en cada esquina;
las casas son ciudades pequeñas
que encierran habitantes ficticios;
los estanques son espejos sucios;
los semáforos, monocromáticos;
las persianas, sesgadas de decoro;
las noticias tan asesinas,
los cines abarrotados de cintas
que se oxidan en los pasillos.

No sé si mañana aún las flores seguirán intactas,
ni si el semáforo por fin cambiará de color;
no sé si volverás por el mismo camino,
ni si para entonces el camino seguirá existiendo;
no sé para qué volvemos a los lugares de antaño,
ni por qué el pasado nunca es buen anfitrión.

El invierno se ha prolongado tantos años
que las llamas del sol se han congelado
y en lugar de alumbrar durante el día
llena de sombras las ciudades.

Pero hoy se ha abierto un claro en el cielo
y el viento ha corrido en dirección contraria.
No sé qué significa, pero creo que deberías saberlo.
Desde que he vuelto mi sombra se ha alegrado
de no ser tan invisible después de todo.

Lo único que no ha cambiado en este sitio
es aquel poema que te escribí en la corteza de un árbol.
Y he de suponer, querida,
que aquí comienza la esperanza.

Aura que duele

Apareciste envuelta en brumas y recuerdos. Nuevamente, sentí la impresión que me diste la primera vez que te vi, con esos ojos que —lo supe al instante— iban a hacer que deje de sentirme invisible si me miraban. Era de noche. Casi siempre las cosas tienen más sentido cuando es de noche. Recuerdo tu sonrisa de chica segura, de mujer maravillosa. Del amor, lo que más me ha gustado era tu nombre. Sin que nadie lo supiese, lo pronunciaba en cada atardecer que transcurría al otro lado de mi ventana, la misma donde alguna vez vi reflejada toda la magia que era capaz de crear la nostalgia. Lo repetía como si fueses mi mayor secreto. Qué puedo decirte al respecto. Yo te quería de esa forma, encerrado en mi cuarto, compartiendo cama con una soledad que se hacía más grande cada vez que miraba tu foto.

Nunca me hizo falta fumar, pero cuántas veces quise consumirme en tus labios, ser humo y descender por tu cuello, tus clavículas; que pudieses encerrarme durante un instante, expulsarme y mirar adónde me iba sin que pudieses detenerme. Debe ser esa la sensación más cercana a la libertad que pueda existir sobre la Tierra. Y hubiese cambiado mi habitación por un rincón a tu lado, mis libros por tu mano, mis sueños por tus ojos. Hubiese dejado de tener miedo a las promesas, hubiese maldecido las veces que pude retenerte y no lo hice. Pero las cosas pasaron y el tiempo me enseñó que siempre estuve muy lejos de ser feliz. Los días desfilaron crueles, los meses gotearon sin tregua y, en todo ese tiempo, nunca supe nada de ti. Aprendí a vivir con aquella esperanza hueca y sucia que aparece tras cada desastre que me decía repetidamente que será todo mejor, cuando lo mejor ya había pasado, cuando lo mejor estuvo entre mis brazos y lo solté. Pensaba de esa forma hasta que aquella noche, cuando apareciste envuelta en esa aura que duele, con esa sonrisa que traía saludos desde el pasado, supe que cometía un error, que aún no te habías marchado del todo.

Recuerdo tus palabras. Recuerdo que no te esperaba. Recuerdo que incluso estaba a punto de marcharme. «Quédate esta noche, siento que será la última vez», te dije, pero sonreíste con tristeza y tus labios, aunque nunca llegué a tocarlos, me supieron a distancia. Respondiste: «Tenemos que darnos un tiempo», y me imaginé soportando más días sin ti. Al final, lo que hice fue besar tus manos y luego me marché.

Supongo que lo comprendiste al mirarme a los ojos, porque no sé ocultar tanto mis verdades. Supongo que tomaste una decisión correcta. Si no te dije nada, si no hice algo por retenerte conmigo, fue porque aprendí —según algunos, muy tarde— que la estadía de una persona tiene que ser voluntaria. Seguramente, querías que te lo dijera, que te quería, pero mi forma de decirlo era pidiendo que te quedaras, y es de esas cosas que nunca pido dos veces. Ahora me he reencontrado con todo lo que nunca tuvimos, he vuelto a aquellos lugares donde tu nombre hoy crea ecos y hace que la nostalgia pese demasiado. Han sido días donde no he sabido no quererte, no echarte de menos, no desear que el mundo me consuma hasta convertirme en humo, de esos que esta vez ya no van a parar hasta la punta de tu lengua, sino hasta aquel lugar donde la vida termina, donde no existe esperanza, un lugar donde quererte esté prohibido y donde pueda alejarme de ti con solo desearlo hasta desaparecer. Y es triste pensar en eso. Es triste que este amor no haya sido suficiente.

Primavera frustrada

Creo recordarla en el dolor más profundo,
en ese dolor que de tanto doler
ya ni siquiera se siente.
En ese dolor cruel de la rutina,
el dolor de irse amoldando al vacío,
el de tener como algo normal
la falta de sonrisas, los días tristes sin gracia,
la ausencia desgarradora.

La recuerdo en ese dolor que ya no duele,
que forma parte de esta alma
hecha a la medida de quienes
ya no saben qué hacer con la esperanza.

Ya no sé si hubo adiós o promesas pactadas,
tampoco si juramos volver o irnos para siempre;
no sé si hubo abrazos o besos o miradas,
sólo me recuerdo yendo a casa,
perdido en ese laberinto apocalíptico
en el que se convierten las ciudades
después de una ruptura.

Fue la ceguera de las calles, el silencio de la gente;
fue el sol en el horizonte, las huellas errantes,
las rutas sin rumbo, el frío del verano...

Fue ese cielo gris del invierno en ciernes,
un vacío que crece desde el interior
hacia todos los rincones.

Fue en aquella primavera frustrada,
en las horas congeladas en las agujas
de varios relojes a los que el tiempo
olvidó con la misma crueldad que a mis heridas...

Fue ahí, cuando no supe adónde iba
ni qué buscaba, que noté por primera vez
la cantidad de piezas en las que
un alma puede llegar a romperse.

Y la recordé como se recuerda
una canción de infancia,
con esa añoranza de querer volver al pasado;
la recordé en ese plano casi inexistente
de los besos que me dio,
de las caricias que le robé al aire
buscando el calor de su piel lejana;
la recordé con ese realismo y ficción
que coexisten en la memoria.

Y la ausencia de sus ojos en los míos
y la pérdida de sus labios inquietos,
de la luna muriendo en su mirada;
la ausencia de las playas que vimos,
de los viajes que nunca realizamos,
todo eso se convirtió
en un dolor profundo y frío,
en esa clase de dolor que ya no duele,
tan humano y deprimente,
más triste que el silencio.

Furia de titanes

Todavía recuerdo aquella guerra.
En mis manos vive el polvo
de la tierra de aquel campo de batalla
que los dos frentes pisaron
sin saber que aquella no era su lucha.
Todavía recuerdo el incendio
y las piezas de cadáveres mutilados,
desperdigadas en ese valle de muerte y miseria
donde reinaba la indiferencia injusta del tiempo.

También pude ver las lanzas clavadas en el pecho
de varios guerreros e infantes ciegos de voluntad
por cumplir el capricho de quienes los enviaron:
dos seres antagónicos que ahora descansan,
aún incapaces de dirigirse la palabra,
pero que son terriblemente influyentes
y cuyo veneno todavía ronda por las calles de esta vida
llevándose consigo a cuantos indigentes
que les aparecen al paso.

Un peón herido me esperaba bajo una ruma de cenizas.
A su vera descansaba una espada rota y ensangrentada;
lloraba y temblaba, más por miedo que por el frío
y cuando le pregunté por el resto
me dijo que solo había quedado él.

«A veces ser un cobarde puede salvarte la vida,
pero te condena a vivir para siempre
con el remordimiento».

Al principio no supe a qué se refería, pero hoy,
al rememorar lo que fue el inicio del cambio brusco,
puedo saber que en realidad solo quería ayudarme,
incluso más de lo que pude haberle ayudado a él.

Luego vi a aquel hombre que construí con mis piezas:
cojeaba, temblaba, y cuando me vio se quedó sin habla.
Negó con la cabeza, como pidiendo perdón.
Sus ojos suplicaban ayuda y compasión,
y cuando fui a su encuentro para abrazarlo,
aquella figura forjada de hierro y recuerdos
se desvaneció en mis brazos,
derramándose en fragmentos líquidos de huesos,
mientras que aquellas llamas dueñas del incendio
derretían su pecho y brillaban desde ahí.

Para mi sorpresa, fue la llama que apenas nacía
la que terminó por extinguirse primero.
La otra, la que al inicio apenas supuraba
chispas de supervivencia,
terminó por inundarme el alma de nuevo,
a mí, que aún no había terminado de reconstruirme.

Aun así, supe que ya no podía ser el mismo;
miré a mi alrededor y comprendí que todo ese tiempo
había estado equivocado:
la solución nunca fue huir del incendio
sino aprender a controlarlo.

Aprender a ser su amigo, a que su fuego
en lugar de consumirme, me acariciara,
encontrara un espacio en mi alma
y me enseñara a convivir con mis miedos.

Por fin me puse de pie y caminé de vuelta a casa.
No podía verlos, pero sabía que ellos a mí sí,
desde las sombras,
en silencio, al acecho:
Pasado y Presente calibrando mis pasos.

Crucé de punta a punta aquel tablero de ajedrez
roto y consumido por la furia de aquellos titanes.
Busqué el sendero angosto de la libertad y salí a escape,
el polvo de las cenizas de mi otro yo adherido a mi piel.

Recuerdo también los ojos de Futuro al verme,
casi dolido por mi falta de confianza,
pero dispuesto a darme
esa oportunidad que no tuvo
aquel hombre de hierro y recuerdos
que murió hecho polvo en mis brazos.

«No duró ni un año», dijo señalando mi pecho.
Sabía a quién se refería y me encogí de hombros.
«Ahora puedo verlo todo más claro», respondí yo,
sintiendo cómo el calor de aquella llama
aumentaba varios grados de temperatura.

Futuro sabía que aquel era un camino
que debía recorrer yo solo,
así que me mostró un tablero nuevo y limpio
y piezas dispuestas a seguir mi voz.

«Lo difícil no es ganar una guerra con la vida,
sino ganarle a la vida
sin desatar ninguna guerra», dijo y se fue.

Suspiré y miré a lo lejos un sendero que se abría;
no era el más seguro de todos, pero de eso se trataba.

Monté aquel caballo blanco y partí
escoltado por alfiles y peones,
mientras me decía que nada iba a ser lo mismo
y recordaba las incidencias de una guerra
que ya no volvería a repetirse.

El abismo de la libertad

Si echarte de menos fuera pecado,
si pensarte a diario estuviese penado
y el delito más grande fuera quererte
como si hubiese perdido el miedo a la muerte.

Si soñar contigo fuera un insulto
y el fraude estuviese en quererte de vuelta;
si no soy digno ni de amor ni de culto
ni mis manos me sirven ya para una reyerta.

Si al verte a los ojos ya no me encuentro,
si sonríes por otro y no vengo a cuento;
si solo me queda tirarme a la orilla
y aceptar la derrota en una colilla.

Si pudiera correr y escapar tantas veces,
o pudiera retroceder, aunque sea unos meses;
si vencer al miedo fuera aceptar verte lejos
dudo que mi culpa me devuelva el reflejo.

Me duele el devenir de este sortilegio
que es una herida con cicatrices distintas;
me duele esta sangre que no es más que la tinta
de una historia donde reina el desprecio.

Cuando me hablaron de amor olvidaron decirme
que la libertad es un abismo sin fondo
y que tarde o temprano tendría que irme
intentando borrar este sentimiento tan hondo.

Erróneamente siempre creí
que verte libre era tenerte conmigo
y ahora que te vas quedo yo de testigo
de este corazón que hoy se muere sin ti.

Naufragio

Ahora que te has ido el amor me sabe a desgana,
ahora que estás lejos y yo nunca aprendí a odiarte,
ahora que las sábanas tiritan ausencias
y el espejo aún nos refleja a los dos juntos.

Ahora que la calma amenaza con ahogarme
y el silencio me abofetea a oscuras
cuando he comprendido que la puerta de salida
nunca apuntó hacia afuera.

Debe explicar eso muchas cosas.
Saliste por la ventana, por ejemplo,
y ahora la luz apenas alumbra tus huellas,
atrapa filamentos en el aire con tu aroma.
Es una luz sucia, en polvo, que aparece
cada vez que intento olvidarte.

Pero los dos sabemos que tal cosa no existe,
que el amor es el verdugo a quien más de un incauto
le ha entregado el alma.
Así hasta formar un purgatorio de cinco estrellas
donde las camas de lujo
son clavos ardientes de remordimiento.

Y esas huellas,
tan errantes como las balas perdidas,
se desvanecen en la penumbra
hasta confundirse con otro recuerdo
del que tampoco puedo salir ileso.

Quise decírtelo, pero entonces
decidiste que yo no valía otro abrazo,
ni una oportunidad siquiera
de desnudarme este silencio
que ahora me está matando.

He esperado a verte pasar por mi ventana.
He esperado a volver a oír tu voz
como música de fondo rasgando este desprecio
de creer que soy un don nadie
si nadie me llama como tú.

He esperado, pero la espera es otra forma
de no aceptar que no hay nada pendiente,
que nada está por llegar,
que debería marcharme
y buscar otros puertos
donde anclar este naufragio.

Así que nunca lo supiste:
que nunca abrí del todo las cortinas
por si la luz me hacía ver otros caminos
lejos del que dejaste.

Que recordarte es enfrentar una balacera
con los ojos cerrados.

Y que no tuve el valor de largarme,
que me quedé sorteando minutos
entre películas, canciones
y libros que no sabían nada del amor.

Que estuve a punto, pero me rendí.
Y que no es tu culpa,
aunque eso supongo que ya lo sabes,
porque no volviste por tus canciones
y yo las estoy escuchando todas.
Cada una desde el principio.

Ese cielo de tus ojos

El futuro se ha divorciado de la esperanza,
los árboles yacen tirados cerca del río.
En la madrugada es cuando uno tiene
los sueños más profundos.

Ayer tu recuerdo apareció lánguido,
apenas un soplo de imágenes borrosas;
estabas atrapada en una fotografía
mordida por las llamas de aquel incendio.

Quise correr hacia todas partes,
formar caminos con mis pies sobre el asfalto,
abriendo surcos entre arbustos,
dirigiendo mi ruta hacia ese bosque
y auscultar los orificios de aquella estructura,
la que cayó en el último derrumbe;
recoger las cenizas esparcidas por el viento
de aquella vida que nos abandonó a las puertas
de juntar nuestros destinos.

Alguien dijo que recordar
es sinónimo de volver a vivir,
sin saber que vivir a base de recuerdos
es morir de la forma más triste.

Lo eterno solo dura mientras olvidemos
que todo acabará algún día.

Pero te vi y supe que no ibas a irte.
Te recordé y apenas la brisa
de una esperanza casi extinta
me rozó la cara y encendió
este palpitar tonto en el pecho.

Fue verte y sentir que el mundo,
que la vida, que yo y el destino,
todavía teníamos algo que entregarnos.

Y hubiese querido vivir así de haber podido,
contemplando que vuelves a casa desde tan lejos,
y volar en ese cielo de tus ojos
y tener los sueños más profundos como hoy día
que en plena madrugada
pude ver el río en mitad del bosque.

Mi canción de autobuses

Pero al pasar por esas calles solitarias,
recordaré nuestras siluetas
de colegiales ingenuos,
tan lejos de la realidad soñada,
tan cerca del soñar despiertos.

Te convertirás en mi canción de autobuses,
en mis películas predilectas,
en mis libros de colección,
en la dueña de mis recuerdos.

Allá en el cielo alguna luna me dijo
que íbamos a terminar juntos,
pero nunca me prometió
que el camino lo haríamos igual.
Y aquí estamos.

¿Cómo te está yendo en tus aventuras sin mí?
Supongo que no me echas de menos,
y menos mal.

Nunca me perdonaría
el hacerte daño en donde más duele:
la memoria.

Piezas dispersas

Lo normal es que no comparta ningún secreto u otro detalle acerca de mí con cualquier persona. Al parecer, es algo intrínseco. Soy callado por naturaleza, introvertido por fuerza mayor, y creo que por eso mismo es que no hablo de mí ni siquiera con gente cercana. Espero que me pregunten, que se acerquen y, aun así, pasan ciertos filtros antes de obtener una respuesta que sea verídica. A veces invento partes de mi historia para ocultar detalles esenciales; otras veces ofrezco a cada uno aquello que quiere escuchar. Lo irónico del caso es que, llegados a ese punto de intimidad donde los límites para la confianza desaparecen, aquello que tanto oculto sale de mí sin que me lo pregunten. Llega un momento en el que me siento en una necesidad enorme de hablar con alguien y contarle incluso aquello que no quiere saber. Es cuando me siento vulnerable. Cuando todo ese filtro por el que pasa una persona al escucharme, de pronto se desvanece. No me ha ocurrido con todo el mundo, no me ha ocurrido con todos los amigos que tengo; pocos son aquellos que conocen esa voz quebrada cuando hablo sobre cosas que realmente me importan, pocos aun los que conocen a detalle, por poner un ejemplo, mi vida amorosa; y pocos todavía aquellos que me han visto llorar. Llorar de tristeza, de rabia, de impotencia, de odio, de miedo. Pocos. Por eso esas personas, por tener una parte de mí consigo, valen por lo que son y por lo que les entrego. Y es por eso también que, cuando se van, siento que una parte de mi vida se rompe, y lo que queda son las huellas de un adorno muy valioso que no sé cómo lo perdí ni cuándo y, sobre todo, me duele el pensar en la falta que va a hacerme.

Inspiración eterna

No importa lo que diga, nunca dejaré de quererte,
nunca miraré a otras como te miro a ti,
nunca vacilaré en elegirte cada mañana
como si fueses la última decisión de mi vida
y la primera de todas ellas.

No sé qué me has hecho,
o qué me hice a mí mismo.
Ya a veces no me importa,
solo pienso en quedarme a tu lado,
volverme inolvidable en tu vida.

Pienso en saber qué piensas
cuando dices no pensar en nada.
Si me querrás tanto como te quiero,
si acaso has venido para quedarte,
si seremos felices para siempre.

Me gusta que mi adicción a tu risa
compense mi aversión al silencio.

Y si hablamos de vicios, yo me quedo contigo,
porque es cierto que vas a matarme,
pero en el transcurso te disfruto.

Que no, no siempre voy a estar para ti cerca.
La mayor parte del tiempo voy a querer que me busques,
que me hagas saber que,
más que no querer pasar el tiempo sola,
sólo lo quieres pasar conmigo.

Que haré todo para que no estés triste,
que te escribiré poemas hasta que mis manos
comiencen a dibujarte palabras con mis caricias.
Porque sí, puede que al final
la tristeza nunca gane,
pero es increíble hasta dónde
podemos llegar con ella.

Has logrado que me reconcilie con la vida,
esa es una de las grandes razones que tengo para quererte.
Para admitir que cambias mi rutina con tu existencia,
que eres tan bella que la tristeza sonríe a tu lado,
que el universo moriría de envidia
si pudiera mirarte a los ojos.

Y he de aceptarte completa,
con tus tormentas, con tus calmas,
con tus encuentros con la vida,
con tu silencio inexplicable,
con ese batir de pestañas,
con esa sonrisa traviesa.

Y aceptar que no tienes un solo semblante.
Que cambiarás de maquillaje y de perfume;
no siempre tendrás el mismo color de cabello
ni presumirás el mismo estado de ánimo.

Y quererte igual, aunque seas distinta.
Encontrar una mansión en tus brazos
con vistas a tu sonrisa.

No dejaré de escribirte porque sé
que tarde o temprano me inmortalizarás contigo,
que compartiremos un espacio eterno en un libro,
que serás la chica de la sonrisa preciosa
y yo un simple chico
que se convirtió en poeta al conocerte.

Al leerme, alguien recordará,
algún día lejano, que exististe tú
y también va a enamorarse de ti.

Haremos que los poetas
quieran escribir de nosotros
hasta alcanzar la cima de un recuerdo
en la vida de aquellos
que aún creen en la magia.

Y no se callarán las voces
ni se extinguirá la inspiración
porque nació contigo
para no morir nunca.

Anónimo

Hace tiempo también hubo alguien aquí.
Escribía poesía sin ser poeta,
corría kilómetros sin ser atleta,
volaba en los cielos sin ser ave.
Hace tiempo que se fue y en su lugar
descansan los vestigios de su existencia.
Moldeaba el barro sin ser alfarero,
inventó un modo de estar en todas partes
sin necesidad de transportarse.

Una vez leí algo de lo que escribía.

«Este no es un poema», me dijo,
«es el espejo de lo ficticio adornado con verdades.
Estos no son versos, son vómitos en palabras,
sentimientos reciclados, cuencas a los que
los gusanos del remordimiento dejaron vacías».

Nunca supe a qué se refería,
pero al tenerlo hoy ausente
y recordar su falta de sonrisa,
quizá puedo comprender un poco
por qué escribir no le llenaba.

«No son frases, son lágrimas escritas».
Escribir era su manera de llorar.
Lo comprendí cuando
antes de desaparecer,
dejó una carta a modo de disculpa.
Nunca lo vi derramar lágrimas, es cierto,
pero tampoco puedo recordar
que haya sido feliz en este sitio.

«Llena esa taza de café.
Es porcelana blanca, fina
como el cabello invisible
de la dama del infierno.
Llénala, caliéntala,
haz como si te gustara beberla,
como si el líquido te produjese
algo más que un gusto,
algo menos que una victoria.

No hace falta el azúcar.
Lo dulce tarde o temprano amarga,
lo amargo tarde o temprano te gusta.

Esa es una lección que se aprende con los años,
espero que no cometas mi error
y no esperes tanto tiempo para entenderlo».

Supongo que su risa era esa cuenca
que el remordimiento dejó vacía para siempre
y que pasó intentando llenar con palabras
de las que nunca se sintió satisfecho.

Ahora cada taza de café la tomo en su nombre.
Nunca me falta el azúcar porque no soy tan valiente
para aceptar la amargura como parte de mi vida.

Fue ese escritor anónimo,
tan anodino y errante,
que terminó por evadir a la muerte,
para alcanzar la gloria literaria,
la inmortalidad lejos de todos,
la lejanía inmortal de la nada.

Ese ser sin nombre, letraherido,
cuyas palabras dedicadas a nadie
se fueron entre el polvo del olvido.

La magia del amor

Yo te recuerdo inalcanzable, soñadora,
como un ave huyendo al cielo;
te recuerdo caótica, preciosa,
como una flor resistiendo a la lluvia.

Te recuerdo misteriosa, profunda,
como un océano virgen, como el cielo infinito,
como estas palabras sonando impetuosas
en el interior de tu mente.

A veces te recuerdo sin recordarte
y te quiero sin quererte todavía,
otras veces te olvido sin olvidarte
y te amo sin amarte para siempre.
Luego la fugacidad del sentimiento
me roba las emociones en la noche
y el amor crece sin mi permiso
para odiarte sin saber cómo hacerlo
y para extrañarte queriéndote de vuelta.

Si vuelves no habrá noches con insomnios
y todos los que habría serían contigo;
si vuelves no habrá días de caminatas a solas
y las que habría serían por ir a buscarte.

Sin descanso, como es que debe construirse el amor;
sin pausas, como es que debe disfrutarse la vida.

Y hacer de todo magia y ensueño,
ser ave y serpiente según tus deseos,
agitar las alas para llevarte lejos,
o serpentear para descubrir tus caminos.

Al final terminaría por aumentarles a mis años
todas las vidas que viviré a tu lado;
aumentarles la fuerza a mis brazos,
aumentarles la esperanza a mis sueños,
aumentarles el alcance a mis palabras,
aumentarles la profundidad a mis silencios,
para que cada vez que te vuelva a abrazar,
cada vez que te sueñe, te hable o me calle;
todo lo que fuera para ti, aunque sea por la mitad,
pueda experimentarlo el doble.

Y quitarles la memoria sensorial a mis manos,
quitarles la emoción a mis ojos,
quitarles el sabor a mis labios,
quitarles la musicalidad a mis oídos,
para que cada vez que te oiga hablar,
cada vez que te vuelva a besar,
cada vez que te vea y te sienta,
cada vez que te toque despacio y con ansias,
con esa firmeza de no querer que te vayas,
con esa urgencia de necesitar que regreses…
para que cada vez que te viva,
lo sienta todo como si fuera
la primera vez que lo hago.

Esa es la magia del amor que te prometo.
Es tan maravillosa que asusta,
tal vez por eso te fuiste.
Es que tú nunca llegaste a entender
que el truco de esta magia
era saber que no había ninguno,
que era todo tan real, precisamente
como las cosas que casi nunca lo parecen.

La culpa es mía

Huele a domingo bajo las sábanas. No es invierno, pero aquí la temperatura es un sol gris y triste. Hay fotos amontonadas, con ojos atemporales, oteando el presente desde la ventana del tiempo. Las voces en mi cabeza me cuentan cosas cuando duermo; me proyectan películas, me reproducen canciones… es tanto que ya no sé si todo eso realmente está en mi cabeza porque nunca antes había sido consciente de ello. Son los días las cicatrices de una vida, la moneda más cara del peaje, el transitar por gotas de este gran río incontenible. Veía de niño la lluvia caer del cielo, y solía preguntarme entonces si acaso podría vivir para contarlo. Ya con mis escasos años tenía la certeza de que no iba a vivir mucho y ahora, si no muerto, ya no vivo la misma vida. Es que se vive tantas veces y de tantas formas, que resultaría injusto encasillar todas las experiencias en un solo camino. Yo, que he tomado tantos y solo unos cuantos resultaron ser los correctos, me mordería la lengua antes de afirmar que soy el mismo de antes. Porque no lo soy. Me ha costado aceptarlo y he podido hacerlo en aquellas noches donde el revés de la ausencia era un reflejo difuminado de mi propio rostro, y hablaba a solas expresiones de un idioma desconocido, un idioma de gritos ahogados y palabras impronunciables; era un lenguaje con tantos límites que tuve que romperlos, y el resultado fui yo, pero con otros ojos y una sombra distinta. Nunca se lo conté a nadie, pero el día en que cumplí los doce años supe también que el tiempo pasaría tan rápido que iba a desear con fuerza regresar a aquel día, aunque lo considerara uno de los peores años de mi vida. Así he acabado por catalogar a cada año por color de heridas, cada mes por grado de asimetría, cada día por fragancia de emociones. Hoy huele a domingo, por ejemplo. No sé qué tiene que ver eso con la lluvia, con las vidas, con las noches al amparo de la tormenta, pero lo que sí sé es que la culpa es mía y solo mía, porque no he sido capaz de perdonarme.

Poesía inmortal

Llueven estrofas sin rima
en la plenitud de una calma fría.
Las notas musicales del silencio
guían los pasos perdidos e inertes
de los niños que abandonamos a prisa.

Se mantienen húmedas las huellas
de las ilusiones que pasaron dejando rastros
de heridas y triunfos regados en el suelo.
Se olvidaron los otoños de traernos las flores
a las tumbas de los sueños que perdimos.

Vivimos esperando tanto tiempo y el tiempo
fue quien siempre nos estuvo esperando.
¿Hasta cuándo la duda decidirá por nosotros?
¿Quién dijo que había que morirnos tan pronto?

Y los años transcurren, las vicisitudes,
las palabras no dichas, las caricias guardadas,
todo nos lo llevamos, olvidando como siempre
que hay cosas que no nos pertenecen.

Veremos a nuestro reflejo envejecer,
inconscientes de que tarde o temprano
vendrá alguien a ocupar nuestro sitio,

a reemplazar esta sombra por la suya,
a dibujar en quien no pudimos
toda la felicidad que aún existe.

Los rostros que olvidamos,
¿algún día podrán perdonarnos?
Las fotos que, empolvadas,
yacen en un cajón del armario,
¿tendrán todavía memoria?

Y nosotros, ¿por qué nosotros así, tan absurdos?
¿Por qué guardarnos las palabras
que las hemos pensado para alguien más?

Yo viviré por todos los que no pudieron,
no sé si con más fuerza, con temor lo admito.
Pero voy a intentarlo.

Sé que no tengo este amor como un adorno,
no quiero que el tiempo me quite las palabras,
no seré yo quien se arrepienta después
de no haberlo hecho cuando pude.

Viviré y va a dolerme, pero es que
¿qué gracia hay en disfrutar caricias
sin antes haber aguantado arañazos?

Escribiré por los que ya no están,
usaré sus voces, me vestiré con sus ropas,
porque alguien tiene que hacerlo:
gritar al mundo que la memoria no muere,
porque la memoria es poesía
y la poesía es para siempre.

El pararrayos de la nostalgia

Lo que me duele de tu nombre
es que es una palabra tan pequeña,
pero capaz de pulverizar los ánimos al instante.

Me duele que lo use la gente
como si fuera un término más de su vocabulario.
Una ráfaga de voz pronunciándote por aquí,
otra ventisca nombrándote por allá.
Nadie se pone a pensar cuánto pesa,
ni lo débil que de pronto me siento al oírlo.

Tu nombre, como una invocación al dolor,
como quien atrae una tormenta,
como el pararrayos de la nostalgia.

Tu nombre de huracán, de vacío y recuerdos.
Tu nombre que aún guardo en la estantería,
dentro de dos libros marcados a pincel
por la obra y gracia de mi ingenuidad,
como si al irte
desapareciera también tu esencia,
esa que viene en un frasco tan pequeño
como tu nombre…
como tu maldito nombre.

Lejos de estas líneas,
hay alguien que te pronuncia,
dibujando con sus labios la caligrafía afilada,
letra por letra, simulando ser escritor:
te llama y no lo oyes; te anhela y no lo sientes.
Pero te escribe y soy yo; pero suspiras y eres tú.

Ayer por la noche hizo tanto frío
que mis manos comenzaron a dolerme.
Y entonces recordé
—porque la verdadera mala memoria
no es la que te hace olvidar cosas,
sino aquella que te recuerda las que no debe—
cómo el frío escapaba entre nuestros dedos
cuando se juntaban y ese roce
era una declaración de amor silenciosa.

Después vino el alboroto de la prensa.
No hablaba de la caída de temperatura
de estas manos que ya no te sostenían,
tampoco de las ruinas que aún existen
y que dejó el terremoto de tu despedida;
no hablaba de la negligencia del tiempo
de no haberme podido sanar el alma,
mucho menos del abandono que sufren
estos poemas ya sin musa de quien aferrarse.

No lo dicen porque no tienen que saberlo.
La ignorancia es la mejor amiga de la soledad,
así que este dolor es solo mío,
estos recuerdos ajenos al mundo,

las llaves escondidas bajo la cama
donde hace tiempo que mis sueños
han dejado de cumplirse.

Ellos hablan de un desastre natural
que ya es noticia,
y que ha afectado a no sé cuántas personas.
Huracán Irma, le llaman.

No les he dicho que yo tengo
la misma tormenta con otro nombre.
El tuyo, desde luego.

Cinco letras, tres sílabas, mil insomnios,
innumerables poemas, el doble de cicatrices,
incontables sonrisas, varias historias,
cero promesas, un millón de sueños,
casi ninguna expectativa,
pero con mucha esperanza.

Eso significa tu nombre para mí,
por eso guardo silencio al escucharlo.
Si alguien llega a saberlo
y lo pronunciara de nuevo
con la intención de hundirme,
temo que lo lograría.

Soy fácil de romper y qué ridículo
que mi mayor debilidad sea una palabra.
No una cualquiera, claro.
Tu nombre es mi palabra mortal favorita.

Nuestro para siempre

Tomaba una taza de té mientras miraba la ventana. La simpleza de aquel acto resultaba un ejercicio de alelopatía involuntaria hacia la nostalgia. Era un cuadro sangrante cuya herida dolía en el alma, especialmente en la memoria. Donde veía ojos y labios inalcanzables, antes había ojos y labios cercanos, conocidos; donde veía manos cerradas en torno a una taza, antes había manos que sujetaban la cuerda sobre la que se equilibraban nuestras vidas. Probablemente, durante todo el tiempo que duró nuestra lejanía, yo he dado la misma impresión ante sus ojos. Y ahora nos negábamos a admitir el dolor y la añoranza que nos inspiraba el tenernos tan cerca y aun así tener que pensarlo más de dos veces antes de decir una sola palabra.

Se quitó un mechón de cabello que le cubría parte del rostro y sonrió, como si no hubiese advertido que una parte de mi vida había transcurrido como película mientras la miraba. Supuse que quería decirme algo, pero se quedó callada. Todo en mi interior se silenció también. ¿Cómo hablar de algo que ya no debería importarnos? ¿De qué forma abordar un tema tan terriblemente complejo? Ella estaba aquí pero no había vuelto. Estábamos cerca pero no juntos. Lo que dijéramos sobre el pasado iba a quedar reducido a un mero acto de testarudez, así que solo podía mirarla, en esa intransigencia propia del destino, aceptando una derrota por anticipado, como era mi costumbre. ¿Qué me quedaba entonces? Escribir y callar, aunque al escribir lo diga todo. Que la quise, incluso cuando se había ido, cuando no di muestras de buscarla, de llamarla.

La quise para siempre, aunque el «siempre» hubiese encontrado el final en aquella taza de té que, de vez en cuando, llevaba directamente hacia sus labios. El final lo marcó el silencio, el no saber qué decir a tiempo. Ese fue nuestro para siempre: la duda eterna, el conflicto, el no haber encontrado las palabras correctas.

Mi estación favorita

Es este otoño el que parece ser distinto,
con aquel prisma que dibuja sombras
donde no debería haberlas.
Quizá sea la forma de las nubes,
el ambiente gris urbano,
la gente tapada hasta las orejas
como si buscaran en el interior de sus abrigos
el calor que nadie les dio en un abrazo.

Deben ser personas tristes,
debe estar el cielo llorando.

A estas alturas me he convencido
de que los atardeceres son cicatrices abiertas
y que el cielo tiene tendencias suicidas.

Será tan triste que los niños no sonríen,
será tan triste que los ancianos mueren solos,
será tan triste que los padres ya no saben
cómo sobrellevar una familia
y los hermanos hace tiempo
que no se dirigen la palabra.

Pero es este otoño y las sombras que proyectan
los árboles que mudan de hojas como piel seca.
Se apartan del paso las flores marchitas
y mueren al amparo de la indiferencia
de gente con tanta prisa para el trabajo
y con tan poco tiempo para la vida.

Y luego están los espejos
que ya no le devuelven la mirada a nadie.
También están los paisajes que se quedaron
atrapados en óleos y pinceles
y las carreteras transitadas
cuyas rutas son desvíos fantasmas.

No me preguntes qué voy a hacer con el mundo
si el mundo y yo apenas nos conocemos.
Del mundo me he traído algunas canciones,
otros tantos poemas y palabras descompuestas
como puzles gramaticales y desafiantes.
El mundo de mí solo ha obtenido mi sombra,
la voz callada de un secreto muy grande
que todavía no he aprendido
a cargar con ambos brazos.

Y he estado a oscuras, a solas, a medias casi siempre
como un autómata mal programado
para sonreír a quienes me miran
si es que todavía hay alguien que lo haga.
He estado taciturno, perplejo a veces,
hundido la mayor parte del tiempo.

Son los libros los que me acompañan,
las voces también calladas de varios poetas
y novelistas heridos de tristeza y abandono.

Me pregunto si también habrán visto esta ciudad
y sus calles les habrán parecido laberintos,
la gente minotauros de niebla y rabia
que los buscaban para despedazarlos y quitarles
esa magia que solo podían depositar
entre las páginas de un libro.

Y yo… pero es que yo apenas mantengo la calma,
apenas giro sobre mi propio sitio,
apenas me permito vivir para contarlo,
contarlo para morir de a poco
y morir para saber que he vivido.

He aprendido a estar así y no me culpes.
Hace tiempo que las cortinas raídas
cubren aquellas persianas inertes
empolvando el olvido, ensuciando el futuro.

Así que he abierto un libro
en mi estación favorita del año.
Es mi favorita quizá por ser tan triste.
Es con la única que puedo entenderme.

Sacúdeme, enmudéceme, sedúceme, sucédeme

Sacúdeme los cimientos, las prisas;
aumenta el valor de mis desvelos,
quítame el frío del alma;
hazme ver la belleza en lo ordinario,
concédeme el placer de tu lengua en mis labios.

Crea terremotos de emociones,
inunda los huecos de mi rutina,
destruye la ausencia,
destruye el dolor.
Hazme perder el equilibrio.
Sacúdeme.

Enmudéceme los pensamientos,
el grito de las sombras que recorren
entre los pasillos de mi mente.

Enmudéceme la pena, la fatiga de la espera,
enmudéceme estas manos desesperadas
que llaman tu presencia, y estos dedos:
mendigos de lo trágico,
suplicando por una piel
que ha aprendido a borrar sus huellas.

Sedúceme a deshora,
en la intimidad de los silencios,
en la soledad de todas las urbes;
sedúceme y dame el placer de tocarte,
de sentir tu aroma por dentro,
de introducirme en tu vida por fuera;
sedúceme los ojos, con tus labios curvos;
sedúceme los poros, con tu piel tan suave;
sedúceme la mente, con tu verbo elocuente;
sedúceme completo o por partes,
siendo tan compleja en tus horas bajas,
tan bella en tu infinita existencia.

Sedúceme siendo hermosa, cuando vuelas;
sedúceme siendo niña, cuando lloras;
sedúceme siendo mujer, cuando amas,
que yo me enamoro de todo y nada
cuando nada pueda hacerte justicia
cuando todo tenga que ver contigo.

Sucédeme cuando quieras,
que te espero sin conocerte todavía.
Sucédeme siempre, con apuros o sin ellos,
que yo no voy a marcharme, lo prometo.
Sucédeme sin pedir permiso,
hazme la vida imposible.
Sucédeme bajo las sombras,
hazte irreemplazable.

Conviértete en villana.
Conquista, guerrera, todas las colonias
de mis penas.

Hazme tuyo, cámbiame.
Que no te conozca mi pasado,
que no pueda contra ti mi nostalgia,
que se rindan mis fuerzas para olvidarte,
que se abra el cielo de la fortuna
y me sorprenda naufragando en tu garganta.

Sacúdeme cuando me quede quieto,
enmudéceme con tus labios:
quítame las palabras boca a boca;
sedúceme la vida, sedúceme la inocencia;
sucédeme y no te fijes en las horas
que todas se hacen eternas
cuando el bucle son tus brazos.

El desastre de querernos

Sobrevivimos a la pasión de querernos
como sobrevive el amor a las promesas;
hemos traído las ropas gastadas
que antes nos hicieron ser quienes fuimos:
los errores, los defectos, las creencias.

¿Quién en su sano juicio se enamora de lo real?
Fuimos cobardes, no merecíamos
el placer de palpar lo mutuo,
la gloria de los besos robados,
el amanecer de la confianza ciega...

Al volver la vista a aquellos días perdidos,
me veo inerme bajo el peso de tu sombra;
no hay peor mal que verte conmigo
deseando ser feliz con otro;
que desearas todas mis nubes
sin querer hacerte responsable
de las tormentas.

Lo peor no es haberte perdido,
sino continuar queriéndote ahora,
cuando ya la raíz de las caricias
fueron arrancadas de cuajo
de la piel que recubre mi cuerpo.

Si al irte mi alma te persigue;
si al perseguirte mi rumbo se pierde;
si al perderme no vuelvo a verte;
si por no verte me condeno al olvido.

¿Qué me espera entonces
si se acerca la vida al ocaso del tiempo
y el tiempo sigue más allá de la muerte?
¿Te recordaré después de morirme?
¿Me querrás por fin cuando me vaya?

Pero hemos sobrevivido al desastre de querernos,
y hemos de olvidarnos por haberlo hecho mal.
Aunque nos duela,
y aunque no podamos.

Voluntario

Ella estaba loca y era hermosa. No sé si por ese orden, pero no importa. La proporcionalidad de aquella rara mezcla la determinaban sus pasiones artísticas. Amaba las obras literarias, aunque tenía una manía que nunca me terminó de gustar: leía el párrafo final de los libros antes de comenzar por el primer capítulo. No hay nada que me cause más repulsión que profanar el placer del misterio. Es como rayar una página solo para resaltar tu frase favorita, o como doblar una esquinita para recordar dónde te quedaste. ¿Cuál es la gracia? Pero ella era así y así la quería. «Tu maldita costumbre», solía decirle. Y ella disfrutaba haciéndolo, pero, sobre todo, decírmelo cuando lo hacía, por el simple hecho de hacerme renegar un poco. Y así nos iba. Yo también le hablaba de otra chica solo por verla mirar con esos ojos de «cállate o te mato». La diferencia estaba en que a mí me daba reparo hablarle de otra, mientras que eso de leer el final de un libro antes de empezarlo, ella lo hacía con un placer genuino. Qué locura más bonita.

La música, por otro lado, era la acompañante de sus momentos a solas o con el mundo. Sin importar dónde, sin importar a quién, oía canciones amparada en aquellos audífonos. Le bastaba un buen ritmo y una buena letra. La música le recordaba a su amor más preciado: la poesía. «Una buena canción no es más que un poema cantado», era su frase favorita. Y soñaba con sentirse musa, con que alguien pusiera sus ojos en ella y le brotasen palabras en modo poético, que le escribieran y describieran, en todos los tonos y formas posibles. Buscaba a alguien que fuera capaz de convertir sus pasos en verso, su cuerpo en prosa.

Y por eso me ofrecí como voluntario y la quise de ese modo, hasta conocerla a fondo, hasta hacerla vivir para siempre, encerrándola en un libro, manteniendo viva su esencia, sus detalles grabados en la eternidad de las palabras. Nadie la amó tanto como yo, en aquellos días que ahora me parecen lejanos y perdidos para siempre.

Y aunque no esté ni vuelva, aunque las huellas de sus dedos que alguna vez habitaron mi piel se hayan borrado, sé que cuando sonríe aún recuerda todas las palabras que escribí inspirado en ella. Porque la poesía siempre vive, siempre se queda, incluso cuando nosotros no seamos los de antes, incluso cuando abandonemos los lugares en los que fuimos felices y construyamos nuevas vidas echando raíces al lado de otras personas. La poesía sale a flote en algún brillo en nuestros ojos, algún recuerdo que nos devuelve al pasado para recuperar, aunque sea por un segundo, esa sensación de plenitud que alguien logró entregarnos. Y yo fui ese alguien en su historia. Fui quien pudo entregarle aquello que va a hacerme parte de su vida para siempre. Por eso sé que, aunque ahora su ausencia ocupe el lugar que ella dejó, me queda el consuelo de haber grabado mi nombre en su vida. Sin importar el tiempo que pase, ella no podrá olvidarme. Jamás.

Mil veces en un minuto

Te he visto reír a solas,
te he visto bailar bajo la luna.
Vives en las estrellas y ninguna
te ha cumplido un deseo hasta ahora.

Pero pareces no necesitarlo,
pareces un espejismo enmascarado,
pareces varios sueños e improvisaciones,
un sinfín de poemas y cadencias,
tantos libros apilados en esta orilla
donde se equilibran el miedo y la vida.

Y mirarte de esa forma,
de ese contemplar atardeceres sin palabras,
de fijar fechas a futuro con los milagros;
mirarte catalogando nubes amorfas,
cantando al son del silencio,
dibujando motivos felices con tus pies descalzos;
mirarte así es una suerte
que ni los grandes escépticos negarían.

Eres bella cotejando aromas, apreciando flores,
abriendo tus alas tan alto, como un espectáculo
para aquellos que se enamoran de tu libertad.

Eres tan bella que tu nombre ya de por sí es un adjetivo.
Eres tan bella que a veces me pregunto si realmente
es la música la que se mueve a tu ritmo cuando bailas.

Yo a veces deseo no ser este montículo de carencias,
de soles apagados y mares sin puerto;
deseo no ser un cuerpo solamente, ni un hombre;
deseo ser tu deseo impronunciable,
tu abrigo y tu mar, tu playa y tu ciudad.

Deseo que me desees, que me esperes para la cena,
felicitarte los aniversarios,
ser aquel en quien puedas sostenerte,
ser yo contigo, no poder ser sin ti.

Lo bonito de ti es que supiste dar con mi debilidad,
cuando yo ni siquiera sabía que tenía una.
Lo bonito de ti no se define y ese es tu encanto:
el misterio y la duda, el necesitar verte solamente
para confirmar que uno puede enamorarse
mil veces en un minuto, mil veces de la misma chica.

Pero también tengo dudas y entonces,
tus gestos me significan incógnitas.
¿Hace cuánto que nadie te besa como si,
además de la boca, te quisiera saborear el alma?
Tú, que comenzaste siendo lectora
y terminaste por convertirte en musa,
que te desconocía y que ahora eres mi hogar…
No te sé de memoria y me basta,
del misterio siempre pensé
que en descubrirte está la aventura.

Debes saber que no he leído
mejor libro que tus secretos,
que hasta mis sueños me agradecen
por pensar en ti antes de dormir,
y que he aprendido a ver aquello
que te hace preciosa:
tus ojos como faroles en la noche,
tus manos como lluvia bajo la luna,
tu sonrisa como pasaporte a las estrellas.

A veces recuerdo que también tenías defectos
y creo que allí radicaba la esencia de tu encanto.
En tu parte más humana y sensible,
en tu lado frágil y sincero.

Te quise por ser como fuiste,
olvidando cómo quise que fueras
antes de quererte.

Aceptarte: como es el amor de verdad,
como es el amor bonito.

Se llama olvido

Dudé de la eficacia del tiempo
por haberte tenido lejos,
sin saber siquiera de tus días,
de tus rutinas,
de los lugares que frecuentabas,
de las personas que te rodeaban.

En el proceso del olvido
—para qué engañarnos—
casi siempre se da
el efecto contrario.

Dudé de la eficacia del tiempo
al no tenerte en mis pensamientos
y aun así no poder evitar verte
en los escaparates de las tiendas,
en el atardecer de las calles,
en las primeras páginas de los libros,
en los espejos cuando mis ojos
me devolvían
el reflejo triste de tu mirada,
cuando aún brillaba,
cuando aún me querías.

En el proceso del olvido
—y esto lo sabe todo el mundo—
no gana quien primero olvida,
sino quien supera el dolor
de recordarlo todo.

Dudé de la eficacia del tiempo,
porque no por olvidarte iba a estar mejor,
porque no por quererte menos sería libre,
porque no por alejarte ibas a irte,
porque no por evitar mencionarte ibas a dejar de existir,
porque no por ignorarte dejarías de habitarme.

En el proceso del olvido
—tarde, pero lo supe al fin—
uno aprende que olvidar es imposible
y se va haciendo a la idea
de vivir con el recuerdo a rastras,
como un fantasma inseparable;
vivir con la mirada en el pasado,
con el corazón latente de rabia y engaño,
con los pasos dudosos en aceras interminables;
uno aprende que aunque roto,
que aunque incompleto,
tiene que fingir que la herida no duele
hasta que llega el día
en que aprende a creer en esa mentira
y vive sin dolor:
a eso
se le llama olvido.

El naufragio del destino

Naufragaron nuestros besos en las bocas equivocadas
y se convirtieron en cadáveres todos nuestros sueños
en el fondo de este océano
al que llamamos destino.

Botes salvavidas se intuyen a lo lejos
como siluetas recortadas sobre el horizonte,
pero no servirán para salvar lo que nunca tuvo vida:
tu mano en la mía, mi boca en la tuya,
tus piernas en mi cintura,
mi espalda en tus manos…
en fin: nosotros.

Quizá te encuentre en otra vida
tan inexistente como nuestro futuro,
y es que aunque no estamos muertos,
lo cierto es que vivimos
con las personas equivocadas
y pesa.

Son estos detalles esperanzadores
los que nos recuerdan lo diminutos que somos
ante la envergadura de las circunstancias.

Navegamos desafiantes, nos creímos invencibles
y henos aquí:
mirándonos a través de las ventanas
de todos los trenes del mundo,
en cuyos andenes ahora coincidimos
cargando con las cicatrices
que el naufragio del destino
nos ha dibujado
en la piel y los labios.

Déjame hacerte poesía

No busques en mi silencio
el amor que te di en un poema.
Cuando amo lo hago a gritos,
aunque las palabras me salgan por las manos.

Y que no te extrañe
un «buenos días» tan temprano,
un «cuídate» cada vez que me despida,
porque me enseñaron a amar en los detalles,
aunque los detalles no se expliquen por sí solos.

He pensado en escribirte
un verso por cada sonrisa,
una estrofa por cada beso,
un poema si me abrazas,
una novela si te quedas.

Hazte inmortal en mis palabras,
déjame hacerte poesía,
hasta que comprendas por tu cuenta
que, aunque algún día tengas que irte,
no lo harás siendo la misma.

Consecuencias

Luego si te vas yo no podría quedarme;
si te vas cancelarás los sueños,
se irán contigo los pasos del cielo,
se deprimirán las luces de un mañana precioso.
Luego se estancarán los regueros
que ahora logran dejar inerme
a esta soledad candente.

¿Te llevarías acaso los libros?
¿Cabría en tu maleta el futuro?
Sin duda desvestirías mi alma,
la clavarías en el viento,
anclada a un destino incierto porque no estás,
a una meta invisible si no me encuentro.

Porque no me quedaría a ver cómo mueren las rosas,
no me quedaría a oír el llorar de la almohada,
ver cómo se apolillan los pliegos
de la historia que escribimos juntos.

No sabría enfrentar esta guerra solo,
con mi sombra traicionándome,
ya desprovisto de armas y facultades,
ya sin fuerzas para gritar otra vez por auxilio.

Con esto, desde la nostalgia
se suicida una promesa,
fue aquella que te hice
y que abandonarás sin demora.

¿A quién vas a buscar más allá de las fronteras?
¿Sigues acaso dudando de mí
o te parece insuficiente la mujer
en la que te has convertido a mi lado?

No hablo de detenerte,
hablo de las consecuencias.

Puedes irte cuando quieras:
vaciar primero mis manos, puedes;
negarme un último beso, puedes;
incluso ya si algún día te falto,
te cansas de visitar lugares sin salidas
y decides volver a por mí y este mundo
y te reciben de vuelta mis brazos,
puedes.

Pero no te prometo, corazón,
que me siga quedando amor para quererte.

La dignidad que ya he perdido

Te vas porque un poema sale caro
cuando no se escribe a quien se quiere.
Te vas dejando desnudas
todas las paredes tras tu ausencia,
y se vuelven interminables los pasillos
que conducen a la puerta de salida.

Te vas porque cometí el error
de decir la verdad cuando es muy tarde.
Y todo este mundo que fue nuestro
se viene abajo de repente.

Lloran los hijos que no tuvimos
al contemplar un divorcio prematuro,
y se marchitan todas las hojas
que inspiraste siendo musa.

Se visten de gala nuestros miedos
y bailan al compás de la desidia,
porque saben que ganaron
atacando siempre desde dentro.

Se escuchan disparos a lo lejos
y mueren las flores del alféizar;

dejan de creer en el amor
todos los amantes de la luna.

Te llevas la custodia del futuro,
y yo los recuerdos en rebajas;
tú, el manantial de tus encantos
y yo el desierto de mi vida.

Y no hay adiós que redima
la dignidad que ya he perdido.

Te vas y no lo acepto;
estoy derrotado y no me rindo;
soy tan ciego y empedernido
y no quiero dejarte,
porque a pesar del dolor
que me causa esta ruptura,
tengo que admitir abiertamente
que eres lo mejor que me ha pasado.

Te he perdido

Si al margen de esta lid se encuentra la senda;
si el recuerdo a mitad de camino te encuentra;
si marchas tan sola y la hiedra te trunca,
has de saber que, aunque sueltes mi mano,
mi compañía te inunda y nunca te suelta.

Si por ventura osas olvidarme,
si me vetas mirarte la espalda siquiera,
no pretenderé contigo apresurarme
si corro el riesgo de convertirte en quimera.

Amarte de lejos como un loco romántico,
añorar tu encanto de vuelta a estas tierras
y descender desde la locura del ático
para volver a besarte con mi alma rastrera.

Si no me quieres yo no he de obligarte:
vete y no cuentes lo sucedido;
aunque pase jornadas intentando olvidarte,
a mi pesar lo haré porque ya te he perdido.

Inolvidable

Todavía planto flores en los jardines
de esta mansión tan olvidada
y en los espejos trazo con tinta
los nombres de tu memoria.

Todavía sigo aquellos caminos
que se perdieron de tanto adentrarse
hasta donde la luz no llegaba
y donde las penas anegaban
el cáliz frágil de mi esperanza.

Aprendí a jugar con estas piezas rotas
que alguien dejó mezcladas con sangre.
Nadie ha venido desde hace tiempo
y las puertas tapiadas y sucias
a veces suenan por las noches
como si alguien quisiera salir
y yo me pregunto quién,
si nadie nunca ha entrado.

Algunas veces me pregunto si volverás,
si al andar por estos pasillos tu recuerdo
no me asaltará de súbito en forma de polvo,
en la luz de la luna o en el sonido de la noche.

Me pregunto si acaso me recuerdas,
si por gracia las estrellas se apagan
cada vez que notas mi ausencia.

Porque he de perderte tantas veces,
como tantas veces te he querido.

Y cuando la luz de un mañana lejano
te saque de tu sueño por un instante,
mira hacia mi sitio y comprende
que ninguna distancia
podrá hacer que te olvide.

Miedo a nada

Cuando me preguntaba a mí mismo cuáles eran mis miedos, las respuestas que me daba tendían a cambiar con el tiempo. Casi creía que no tenía lo que llaman «el miedo más grande de mi vida», pues a cierta edad aparece un miedo que se olvida o se supera conforme uno crece o lo enfrenta. Después de mucho pensarlo, he descubierto que mis miedos son variados, aunque me ha sido imposible elegir, de entre todos ellos, uno que superara al resto. Un tiempo le tenía miedo al olvido, luego a la indiferencia, después a la soledad o a la tristeza. Le tuve miedo incluso a la felicidad, aunque no me decidí si era más cuando me faltaba (por temor a que nunca llegara) o cuando llegaba (por temor a que se fuera). Les tenía miedo a las alturas, a la profundidad del vacío, a la oscuridad, a los ruidos fuertes, al dolor físico, a hacer el ridículo en público, entre otras cosas. La mayoría de esos miedos los he superado, pero he comprendido que el miedo (a lo que sea) es mi razón de ser. Por miedo he tomado otras decisiones, por miedo no he asumido riesgos y los que asumí los superé precisamente por el miedo al fracaso; por miedo he luchado, he esquivado, me he superado. Por miedo he tenido que cambiar o adaptarme. Por miedo he descubierto verdades y he ocultado otras. El miedo me hace sentir vivo. No vivo sin miedos. Sin miedos esta vida que llevo no sería emocionante, así que he llegado a la conclusión de que, si tengo que elegir un miedo por sobre todos los otros, sería el despertar un día sin tenerle miedo a nada.

Sucesión de accidentes

¿Qué diré luego sobre esta pasión de quererte?
¿Quién se creerá tantas promesas?
¿Quién vivirá nuestra historia?
¿A quién le enseñaré tus fotografías
y le hablaré de un amor que dura
lo que la eternidad solo puede soñar?

De un loco que quiso ser poeta
o de un poeta que se volvió loco.
De aquel que nunca entendió de límites,
del mismo que jamás siguió un consejo.
Y que se enamoró de quien menos pensaba,
y que terminó pensándola para siempre,
y que luego el siempre se hizo promesa,
y esa promesa se fue con ella.

De una chica imposible a gritos
y a silencios tan triste,
dueña de una belleza insostenible
que provocó insomnios tan crueles
en estaciones donde ni el hielo es frío
ni el café tan caliente.

A quién hacerle saber
de una sucesión de accidentes.
De un sueño que el dinero no pudo comprar
y ese dinero fácil de arrebatar del bolsillo;
de ese bolsillo vacío y sin dueño
y ese dueño que de niño quiso ser ave.
De un ave que chocó contra una nube
y esa nube que jamás volvió a dar lluvia;
esa lluvia que nunca pudo ser río
y ese río que nunca podrá aspirar
a convertirse en mar.

Y todo por una casualidad,
como nos ocurrió a nosotros.
Yo que vi tu sonrisa
y tu sonrisa que inspiró poemas;
esos poemas que se quedaron sin palabras
porque todas las palabras te las llevaste.

Fue esta resaca la que me hizo escribirte,
el ardor de una garganta acostumbrada al silencio;
fueron mis manos temblorosas que al tocarte
decidieron memorizar la textura de tu piel.

Si lo supiste, nunca diste muestras de ello.

Te gustaba tanto el misterio
que el misterio te volvió una extraña,
porque al escrutar el universo de tus ojos
sólo vi siluetas amorfas.

Cuando lo comprendí sentí esa fiebre:
no eras tú ese montón de desórdenes,
era yo mismo mirándome;
tus ojos fueron también espejos.

Pero es cierto que esta historia no fue mala.

Alguien tendrá que saber
que cuando se quiere no hay reglas.

Porque me quisiste sin querer
cuando yo ya te estaba queriendo;
y mientras escribía pensando en todo
ese todo se redujo a ti
y te erigí como musa sabiendo
que enfriarías a todos mis infiernos.

Hoy que no estás aún recuerdo
todos los poemas que se fueron contigo,
quizá porque prefirieron vivir
con aquella que los inspiró,
a quedarse con aquel
que tuvo la ingenuidad de escribirlos.

Lo comprendí demasiado tarde:
aun el propio arte
tarde o temprano te abandona.

Y ese frío y la fiebre,
el dolor de cabeza y lo de después…

¿Qué será de mí cuando te vayas más lejos
y al buscar en mis sueños no te encuentre?
Si no he aprendido a diferenciar
la oscuridad de la luz
y aun cuando amanece sigo dormido.
Hace frío mientras tanto,
yo sigo escribiéndote por si acaso vuelves
y al leerme te entren ganas de buscarme.

Desde dentro

Hoy tu sonrisa me ha despertado de pronto,
luego de haberme visitado en sueños.
Y supe que ningún tiempo iba a curarme
si la enfermedad era tu sombra en mi mente,
inundando pasillos y habitaciones
que nunca supe que existían.

Las calles lucían el color de la tormenta,
en una fuga de edificios que tapizaba el cielo;
la gente indiferente caminaba sin rumbo
como siluetas de vapor ondeando al aire,
y me vi reflejado en los espejos de sus almas,
en los gestos muertos que sus vacíos exponían,
en la frialdad de sus diálogos y palabras,
en sus horizontes cada vez más lejanos.

Me vi reflejado porque intenté en vano y a prisa
convencerme ingenuamente de lo contrario,
pero he vuelto a encontrarte en las canciones,
me he topado contigo en las frases de los libros,
he visto tu sombra en esas paredes heridas
que no se han acostumbrado a tu ausencia.

Me convertí en viento y huracán —o eso pensaba—,
pero solo me destruía el alma —o así me sentía—.

Y es que lo más cerca del olvido es el odio,
y es que el odio más real es hacia uno mismo.

Así me he odiado por perderte,
por no saber interpretar tus silencios,
por no conjugar el amor y la rutina,
por haber sido más real cuando no me conocías.

Ahora los sueños se me escapan,
huyen de mí tan lejos como mis metas
y hieren el porvenir que se aproxima
cabalgando en nubes de nostalgia.

No seré mejor que antes pero ahora
por lo menos reconozco los errores,
y aunque siga soñándote a diario,
como a diario me prometí no quererte,
has de saber que no te espero;
me pareces más real en la memoria,
prefiero que me duelas desde dentro.

Infinita

Te conozco, señorita. Aunque a veces te ocultes tras tus silencios impenetrables, aunque uses otro perfume y cambies el color de tu cabello con la misma frecuencia que cambias de serie. Conozco tu sombra cuando se alarga en el asfalto con las luces de las farolas, y cuando se desvanece al fundirse con la noche de este otoño. Conozco tus labios cuando desapruebas algo y los tuerces, y tu lengua de bailar con la mía en ese espacio donde no cabe nada más que el cielo que se crea cuando dos bocas se juntan. Conozco tu mirada de alegría, tu mirada de miedo, la de cansancio, la de ilusión y, mi favorita: la de placer. Conozco tu piel, de poro a poro, palmo por palmo, porque todas mis vacaciones las paso ahí, recorriendo el kilometraje de tus costas, tus playas, que veo siempre como el primer día. Conozco el sabor de tus texturas, el punto exacto donde un beso te quita todo asomo de decencia, todo soplo de ternura. Conozco tus manos cuando tiemblan, cuando exploran, cuando descubren y sanan. Nunca te he visto enojada como si la ira te consumiera por dentro; traes la calma con cada sonrisa, conviertes en paz todas mis guerras, con sólo mirarme. No sé cómo lo haces. Conozco tu cabello, tan rebelde cuando despiertas, tan dócil cuando sales de la ducha. Te conozco en todas tus estaciones: cuando llueves y cuando floreces, y cuando te conviertes en atardecer y el mundo te contempla encantado, porque de algún modo le haces entender cosas, como si tu presencia fuera un milagro. Te conozco de ese modo de no querer descubrirte completa, porque siempre voy a querer saber más de ti pero a dosis, como mi droga favorita.

Te conozco porque eres mi casa, y tus sueños son los míos, aunque no te haya dicho que mis mejores sueños se parecen a ti pero desnuda, cuando te dejas habitar plenamente, y te entregas de ese modo precioso, que te quiebra y te reconstruye, de ese modo que hace que te vuelvas infinita.

Cuando desperté sin ti

Te soñé.

No recuerdo la ropa que traías, ni el camino que seguimos, ni siquiera los paisajes ahora saltan a mi memoria. Sí sé que te quise, que el sueño fue real y vivo, como aquellas madrugadas a tu lado, como las canciones que cantábamos. También que pronunciaste mi nombre varias veces, como si yo no estuviera, como si me encontrara lejano. No es tiempo, te dije. Para olvidarnos no es tiempo. Tampoco es tiempo para estar tristes, para que la ausencia nos devore el brillo de las ilusiones. Ya estabas más tranquila, me abrazaste como sólo se abraza en los sueños: con esa delicadeza de las cosas que pueden terminar en cualquier momento. Y dijiste quererme, tan claro, tan vívido, como esas canciones de las madrugadas. Supe también que te quería, pero no te lo dije, como la vez que me miraste a los ojos una eternidad, herida de abandono y orgullo. ¿Acaso no era suficiente con entregarte mi vida, mis horas, mis textos? No. A veces el amor también requiere de palabras, pero me callé y en mi sueño, aquella oscuridad comenzó a crecer y a envolverte, como queriendo apartarte de mi lado. Fue entonces cuando grité que te quería, que te he querido siempre, pero de todos modos aquella oscuridad te arrastró lejos, y yo ya no pude continuar luchando. Luego desperté. No te encontré a mi lado, únicamente flotaba el perfume de la soledad, de aquellas malas noticias que uno sabe sin querer saberlo, que no estaría mal olvidar. Aún era de madrugada y el paisaje tras la ventana era el mismo, pero ya no estaban nuestras canciones, aunque yo aún te seguía queriendo. Supongo que por eso me puse triste, y es que cuando no estás, sí puedo permitirme eso: echarte de menos hasta que duele, aunque te haya dicho que no era tiempo, que no era tiempo para estar tristes.

Retorno

Después, cuando sucumban
nuestras vidas al tiempo
y vuelvan los soles que antaño se fueron,
las primaveras que ignoramos
nos devolverán por fin la sonrisa.

Después, cuando ni las sombras
nos traigan de nuevo y a oscuras
las sombras de los niños que fuimos,
nacerá en nosotros un sueño
y soñaremos igual pero distinto.

Ya no seremos tan tristes,
ni lágrimas amargas
maquillarán nuestros gestos;
ya no amaremos a medias,
ni guardaremos ese rencor
que nos disuelve por dentro.

Tendremos lugar en las fotografías
y veremos a nuestros amigos tan cerca
que el tiempo nos parecerá un suspiro
y el suspiro será eterno.

Los amores que fueron siempre estarán
pero ya sus recuerdos habrán sanado;
los niños que fuimos sonreirán desde allá
al ver que nunca los olvidamos.

Hemos de reconocernos en las canciones,
hemos de llenar varios libros,
hemos de vivir porque la muerte
no tiene prisa, pero siempre espera.

Así como esperamos nosotros,
así como la fe nos aguarda,
así como esos días de un mañana
en el que ya nunca estaremos tristes.

Volverán a florecer los versos,
regresarán los viajeros a casa,
se reconciliarán los hermanos
y como si el tiempo no hubiese pasado,
volveremos a ser como fuimos.

El nido de la oscuridad

La noche ha extendido sus alas sobre esta ciudad fantasma. Las almas de los amores que pusieron nombres a calles y plazas, ahora vagan en la penumbra casi sólida de oscuridad y silencio que corona las azoteas cálidas de la ciudad de Chiclayo. Alguna vez quise huir de aquí, verme confinado en una suerte de viaje ambulante sin retorno, escapando de todo cuanto he conocido, pero nunca pude lograrlo, sobre todo cuando, más temprano que tarde, la vida, con su proverbial sentido de la oportunidad, me hizo comprender que se puede escapar de los lugares, mas no de la memoria. Sin yo pretenderlo, iba a arrastrar conmigo las ropas de todos los espejos en los que alguna vez interpreté una personalidad única, iba a oír las voces de aquellas mujeres que me quisieron y, muy probablemente, iba a sentir sobre la piel y los huesos toda la culpa con la que la conciencia me habría de martirizar en mi periplo, pues yo tampoco tengo suficiente perspicacia para olvidar y continuar indiferente, como si las personas y los momentos fuesen trastos desechables. Así que he decidido confinar mis días al acto de contemplar atardeceres sin más compañía que la esperanza de ver por fin el comienzo de otro día, un día en que no haga falta desear huir, porque el calor del hogar y la sensación de pertenencia serán por fin suficientes para saciar la sed de esta alma que, desde que se supo encerrada en este cuerpo, no ha hecho más que intentar recuperar su libertad robada, entre noches interminables, entre calles desiertas y vías fantasmales que el sol ya no recuerda, donde la oscuridad ha construido su nido...

Terriblemente vacío

Incluso a esta edad, yo sigo sin saber
cómo domesticar soledades,
cómo apagar algunos recuerdos,
cómo cernir la cábala a mis días,
como si la suerte fuese agua
y mis manos la red que la aprisiona.

En la boca de un abril soñado
han muerto los besos
que nunca me dieron.

No puedo escapar porque no hay rejas,
pero he vivido la mayor parte de mi vida
arrastrando al reo que hay en mi alma.

¿Por qué alguien tan lleno de sí mismo
tiende a sentirse terriblemente vacío?

No hay días sin preguntas,
tampoco noches sin caminos
que no dirigen a ninguna parte...

Tormenta de pensamientos

En esta habitación sin ventanas, de piedra y recuerdos,
las luces se filtran por las grietas de un techo caído.
Aquí yace el mar seco de lo que ahora
es un desierto infinito, bajo un cielo tormenta
ubicado en mi pecho, al lado del corazón
que aún late con rabia y anhelo.

Aquí, yo me encuentro negociando con el silencio:
un par de palabras a cambio de un secreto;
tres puñaladas en la espalda a cambio de un abrazo;
más paisajes en el exterior que ruinas internas
y un beso a cambio de una vida.

Soy el rostro desfigurado de un óleo maltrecho,
el arte jamás concretado, el sueño perdido
de un artista con más maña que ingenio.

Atado a un matrimonio con la incertidumbre,
padre de criaturas tristes, nostalgias que
han aprendido a decir sus primeras palabras.

Ni orgulloso ni triunfante ni feliz.
Lo bueno no combina conmigo,
somos contradictorios,
cada quien el antagonista del otro.

Al caer la noche, se despierta el pasado a prisa
y me busca en la intimidad de mi cama,
me revuelve, conversa, inquieta, fastidia.
Me muestra varias fotos imaginarias
de mil personas imaginarias,
con las que viví historias imaginarias.

Todo eso lo subasté al mejor postor
y a cambio de mis recuerdos obtuve un olvido;
pero fue tan débil que a la mañana siguiente
aún me sabía mi nombre.

Por eso decidí empeñar mis palabras
y todos aquellos gritos ahogados;
decidí juntar los susurros y el siseo,
los gemidos apagados, las risas cansadas
y los deposité en una caja del color de mi infancia.

Negociando con el silencio
vertí una lágrima en la herida abierta,
una gota de vida en el desierto árido.
Y me callé.

No reconocí símbolos ni gramática alguna,
ni algún sonido se oyó provenir de mi boca.
Y cuando creí que todo iba a estar bien
olvidé que en la noche es cuando ocurre todo
y los pensamientos y recuerdos recurren siempre,
nuevamente a mi lecho de pasos perdidos.

Me hablan, gritan, aúllan, gimen, ríen, lloran.
Nadie los escucha, solamente yo
y cuando quiero decir algo no puedo.

Este oscuro silencio se llevó mis palabras,
pero olvidó de ellas el sonido.

No estaba incluido en el trato, es cierto.
Me toca aguantar esta tormenta,
esta tormenta de pensamientos.

Morir anónimamente

El mundo no nos conoce ni desea saber de nosotros.
Hemos de vivir entre las sombras como ladrones furtivos,
cotejando penas añejas por el paso y el peso de las décadas:
hemos de vislumbrar nuestro epitafio
como quien saborea con los ojos la textura de su próximo veneno.
Y morir anónimamente
como se muere en las grandes urbes caóticas
porque no le importamos a este mundo ni hemos de amarlo
pues ni siquiera nos conoce.

Crimen perfecto

Quien haya dicho que hay palabras
que se atoran en la garganta,
claramente no conocía
el llanto que nace en los ojos
y termina en las manos.

El llanto en los ojos
por contemplarte sabiendo que no te tenía,
y el llanto en las manos
por tocarte sin poder poseerte completa.

Trajiste contigo la amenaza desde el principio,
pero fui yo el que te quiso
aun sabiendo del dolor que ibas a causarme.

Quererte como si fueses para siempre,
cuando lo único eterno que existe
es la crueldad con la que el tiempo
baraja las piezas de nuestro destino.

Tú me buscaste por todas partes
y me encontraste donde menos esperabas:
en ti misma, en tus anocheceres,
tus caminos angostos, tus pasos frágiles,
porque comencé siendo tu duda,
tus preguntas sin respuesta,
tus rezos de madrugada,
el sinsabor de tus suspiros,
el petricor de tus otoños.

Subiste la marea de mis playas
y después fui yo quien te encontró
entre sus rutinas escapadas de los planes
que nunca fueron planes si no estabas tú en ellos.

Te encontré entre mis huellas:
las del pasado, esas que borrabas
para poner las tuyas;
te encontré en el viento
cuando me traía todas las palabras
que escondiste en un suspiro.

Ya ves que tarde o temprano todo se sabe,
que no existe secreto bajo este cielo de plomo.
Y así supe también que nunca
fue tu intención forjar mi futuro.

Nunca quisiste quererme
más de lo que yo comenzaba a quererte,
nunca me viste más que como una silueta etérea,
a quien besabas cuando querías,
pero a quien dejabas al minuto
por temor a convertirte
en la dueña absoluta de su boca.

¿Cuánto miedo le tuviste a enamorarte?
¿Tanto daño te hicieron como para que
te hayas negado a entregarte
a un alma que estaba dispuesta
a duplicar el cariño que le darías?

Me ofreciste un amor esquivo,
unos abrazos fríos por tanta ausencia de alguien,
una sonrisa triste por la constante presencia de otro.

Será por eso que convine en asesinarte,
en estampar tu recuerdo en las vías de mi vida
para que el tren del olvido triture tus formas,
te haga trizas y fragmente en cien mil piezas
toda la vida que soñé y quise cumplir a tu lado.

Es mi crimen perfecto y no pienso pedir perdón nunca,
no pienso confesar nada, ni desmentir tampoco
porque el olvido nunca fue mi arma para hacer daño,
sino para protegerme a mí mismo.

Olvidarte, matarte, hundirte, hacer que no existas,
con ese odio visceral que causa la impotencia,
con ese amor irracional que me pide rescatarte.

Pero he quemado también esa casa que soñamos.
Hay cenizas de nuestras fotografías en los pasillos,
los bosques ahora son desiertos áridos,
las ciudades se han convertido
en escenarios post apocalípticos
y yo…
yo también me he olvidado
del que fui contigo,
me he muerto y enterrado
a tres metros bajo indiferencia.

Y así como te olvido y me olvido,
también sé que soy lo suficientemente débil
como para alimentarme de recuerdos,
por eso me traicionaré tarde o temprano,
me vengaré de mí mismo y te buscaré
para quererte más allá de la muerte
por no haber sabido nunca
querernos en la plenitud de la vida.

Niebla y recuerdos

Todavía se me acelera el corazón
antes de ver a esa chica,
todavía me tiembla la voz
si salgo a hablar en público,
todavía me tiembla la vida
si pienso en el futuro.

Adónde llegaré
en este barco de rutas fantasmas,
surcando ríos de tinieblas,
escribiendo por saciedad y urgencia,
con miedo a que mis heridas se vean
más de lo que estoy dispuesto a mostrar de ellas.

No he aprendido de las lecciones
y vaya que han sido muchas.
No he aprendido a quererme
y vaya que razones me sobran.

Me sigo viendo volátil y tímido,
tan frágil como una hoja seca en invierno;
me sigo sintiendo vacío y estéril,
tan inútil como un abrazo a distancia.

Mi nombre sigue siendo Heber,
pero a veces creo que me llamo Tristeza,
otras veces pienso que soy Intrépido
y la mayoría me parece que soy Silencio.

En el fondo sé que no tengo la edad que digo,
que le miento al mundo
porque me miento a mí mismo,
y es que soy más niño de lo que admito,
tengo miedos de los que aún no me libro.

Y no es mi culpa…
Cómo voy a estar a gusto
viviendo en un mundo donde,
en lugar de querer conocerlos a todos,
desee envejecer a la sombra de la ignorancia.

Y así prefiero recluirme en mi propia mente,
alternando la realidad por días de semana,
apilando experiencias por vidas prestadas,
como un buen coleccionista
de la nostalgia ajena,
como un hombre ordinario
hecho de niebla y recuerdos.

Hay amor

Aquí también hay amor,
en este trocito de cielo,
del que escriben los poetas
y en el que se gozan las musas.

Hay amor en los suspiros,
en el fuego del alma,
en la mirada furtiva
de los niños jugando,
y de quien sea capaz de sentir
con el corazón a fuego lento,
con el palpitar despacio,
con la gloria de una guerra
que se gana con sonrisas.

Hay amor en los valientes;
en quien se atreve, en quien lucha
aunque tenga todos los puntos en contra,
aquel al que llaman iluso, tonto,
al mismo que después elogian.

Hay amor en los errores
que se cometen persiguiendo un sueño,
en los balcones de aquellas casas
de calles donde la primavera nunca muere.

El amor está aquí
porque en alguna parte tenía que estar:
entre estas letras que seguramente
van a vivir más que yo.

Hay amor porque alguien tiene que vivirlo,
enseñarles a otros que no todo está perdido,
que el dolor también es un regalo.
Hay amor porque todavía escribimos,
porque todavía leemos,
gritamos cuando algo nos sorprende,
queremos sin medida,
cantamos las tristezas que no duelen,
soñamos con la luz de los mañanas
y bailamos locamente
esas canciones que no se bailan,
esa música que nadie oye.

Porque nos gusta la melancolía
—porque es el dolor del alma
lo que nos recuerda que estamos vivos—,
que es donde más nos sentimos
como peces en el agua,
como aves en el cielo de una felicidad
que llega sin previo aviso,
tal como deberían llegar
las mejores cosas de la vida,
lo mismo con las personas.

Y si no ves amor más allá de estas palabras,
si alguna vez el reflejo te mintió con otro rostro
y se fue de tu alma la alegría, clavándote la daga de un adiós,
el puñal de una ausencia, la decepción del ser amado…

Si no ves amor en todo esto,
en las familias que se reconcilian,
en el grito de los niños que juegan,
en las madres con criaturas en brazos,
en los brazos que sostienen al caído…

Si no ves amor en los detalles,
he de decirte que no es tan malo: hay esperanza,
aún puedes sentir a flor de piel,
aún los sentimientos pueden llenarte el alma,
porque el amor es sempiterno
inescrutable en sus designios.

Es invaluable y hermoso,
y como todo lo hermoso,
se esconde en los detalles:
aprende a verlo,
siéntelo en la brisa,
en los momentos sencillos,
en la humildad de la gente.

Atrévete a soñar, a romper tus barreras;
hazte notar y con tu presencia
cambia un poquito el mundo,
que la gente pueda entender al verte
que la vida aún merece que
seamos capaces de embellecerla,
amando, entregando, sintiendo,
logrando que otros también vivan,
logrando que el amor nunca muera.

Noche eterna

Y también esa urgencia, que nos despierta de golpe, cuando creemos que ya amaneció, para comprobar acto seguido que aún es de noche. Se está mejor en la calma venenosa que inventamos para no estar tristes. No vemos a nadie, pero, por alguna razón, no estamos solos; nos tenemos a nosotros y a toda esa oscuridad que nos envuelve, que nos platica a veces, que nos abriga. Hablo siempre desde la perspectiva de un hombre encerrado. Hablo de mí mismo, escondiéndome entre las sombras del mundo o lo que sea que venga a interrumpirme la monotonía de hablar a solas, o pensar, siendo incapaz de sacar a flote esta vida que tiene agujeros por todas partes. Ya no recuerdo cuándo fue la última vez que encontré mi lugar ideal al lado de alguien, ni siquiera sé si alguna vez lo tuve. Sólo sé que ha pasado mucho desde aquel viernes en el que llovió todo el día, y que los días que siguieron fueron la prolongación del día anterior, que nunca terminaba. Han venido muchos viernes amargos, que despertaban en mí esas ansias de volar con violencia atravesando el techo. Cada noche sueño con lo mismo. Luego sólo despierto, confiando en que el día por fin ha llegado. Pero es de noche. Joder. Siempre es de noche.

Se llama olvido

Supongo que todos nos vamos. Y yo, que he pasado varios años de mi vida desgranando mi alma en palabras para tratar de saborear un ápice de esa eternidad que promete siempre la literatura, también tengo mi fecha de caducidad y me acabaré irremediablemente. Me convertiré en un instante que pasa y se pierde para siempre. Me iré apagando poco a poco, primero de las miradas de las personas que amé, luego de su presencia y, finalmente, de sus recuerdos. No habrá nadie que hable de mí el día de mañana, ni quien les ponga mi nombre a las canciones. No contarán mi historia, ni verán mi rostro en alguna revista vieja que, empolvada, yace en el rincón de algún armario cerrado con llave. Me iré para siempre, casi de la misma forma que he vivido: en silencio y a escondidas, como un fugitivo en permanente escape, siendo un anónimo en las plazas, una sombra en los portales, mercenario de palabras que duerme bajo puentes forjados de sueños ajenos. Seré el tren que se aleja, vacío, hacia las tierras de nadie. No me echarán de menos, no llorarán mi ausencia. Y tampoco tendrían por qué hacerlo, pues, al final, todos nos vamos de ese modo, algunos más rápido que otros, pero todos terminamos absorbidos por ese olvido que nos condena a la ignorancia en el pensamiento del resto, y nos convierte en simples fantasmas que en algún momento tuvieron la oportunidad de brillar y cuya luz hace tiempo que se ha apagado.

Lunares

Veintiocho lunas y veintisiete soles,
como la cantidad de lunares en tu espalda:
cincuenta y cinco como presagio
del tiempo que pasaría sin ti
luego de haberte besado justo en el lugar
donde el silencio se hace canción
y la canción gemido.

Quise noches entre tus piernas,
quise playas por orgasmos,
coleccioné besos y abrazos
y la pieza ausente,
que siempre fuiste tú,
nunca dio señales de vida.

Aquellos que te vieron caminar
con esa falda de enamorar huracanes,
con esas piernas de musicalizar las calles,
con esos ojos de embellecer las ruinas,
con esa sonrisa de maldecir la tristeza…

Aquellos que se enamoraron
del relámpago de tu escote,
del vaivén de tus caderas,
no sabrán nunca del dolor que dejas:
por cada calle que te recibe
hay varias ciudades que se mueren.

Se me ha muerto la metrópoli paradisíaca
del besarte al alba, comenzando por tu cuello
y terminando en un suspiro de satisfacción.

Se me ha muerto el pueblo escondido
de los dedos que recorrieron tus poros.

Se me ha muerto la isla húmeda
de las gotas que caían de la ducha
cuando el amor todavía nos gustaba juntos,
cuando al juntarnos se creaban las galaxias.

Te vestiste de noche
y saliste a enamorar a las estrellas.
Siempre amaste la oscuridad por el misterio,
tal vez por eso el misterio
nunca tuvo la decencia de irse.

Y pasé días preguntándome si me querías,
si todavía, al cerrar los ojos,
pedías el deseo de un «nosotros»,
si la cama sin mí te aterraba,
si mi mano en la tuya era un signo de victoria.

Me hablarán de las nubes que enmascaran la luna,
me hablarán de los vicios abandonados en portales,
de las botellas que han llevado tu nombre,
de todas las copas en cuyo borde
escribí un «te quiero» con la lengua
imaginando como un idiota
que la vida mejoraba al besarte.

Me hablarán del frío del invierno,
del calor de los ascensores,
del maremoto de las olas,
de las ciudades heridas,
del dólar que ha subido tanto,
del euro que ha bajado mucho,
de todos los cambios monetarios
sin saber que lo más costoso de todo
es haberte tenido tan cerca
para luego ver cómo te ibas.

Yo me he quedado con tus cigarrillos a medias
y las volutas del humo reptaban por las paredes
tantos días fuera de mis márgenes mentales,
recordando que tenías cincuenta y cinco lunares
y fueron cincuenta y cinco los días de tu ausencia.

Hoy ya no quedan páginas para el recuerdo
ni alcohol para las heridas;
la oscuridad cubre totalmente la cúpula del cielo:
ya no hay luna y esta noche…
esta noche
ni siquiera tiene estrellas.

Había una vez

Echaba de menos tus manos entre las mías,
tus ojos alegres alumbrando las mañanas
luego de haber vivido en las tinieblas de la noche.

Echaba de menos verte desnuda, delante del espejo,
vistiendo piel y deseo, rasgos afilados
y esas curvas aterciopeladas y amenazantes
que invitaban a perder
la línea recta de cualquier camino
siempre que el accidente termine en tus piernas.

Echaba de menos esta luna llena,
esas estrellas solitarias y lejanas
que me recuerdan cruelmente
a las promesas que nunca llegué a cumplirte.

Pasé varias noches deseando que no ocurriera,
que al abrir las persianas la luz del día
nunca me devolviera el espectáculo triste
de una cama vacía;
pasé noches interminables escribiendo
otros finales como intentando escapar a este.

Debes saber, querida,
que lo que mata no es la tristeza,
en realidad, siempre es la esperanza.

Pero suena tan mal que a nadie le da por decirlo
porque todos de alguna manera,
le tememos a la verdad,
especialmente a aquella
que escapa de nuestras manos.

Mi verdad ahora es que te has ido,
mi verdad es que esta casa es una cueva,
una catedral de piedra y recuerdos
en cuyo interior se desenvuelve
este ser ordinario e incompleto,
buscándote entre los pasillos
porque no acepta que no estás.

¿Qué ha sido de tu vida tan lejos
sea donde fuere que te encuentres?

Me pregunto también si me echarás de menos,
si acaso estás siendo feliz en los labios de otro,
si has dejado de dormir sola
o si por el contrario el amor
se te ha vuelto una trinchera de lechos fríos,
de fotografías quemadas, lienzos en blanco,
soledades furtivas acampando en almohadas
a las que nunca volviste a contar tus secretos.

Me pregunto si echarás de menos mi lengua
describiendo a detalle tu anatomía,
si buscarás mi tacto con tus propias manos,
en esas noches cuando te rindes y aceptas
que en el fondo nunca vas a irte del todo.
Que querrás regresar aunque sea
para que el frío se quede tras la puerta
y dentro de esta habitación cerrada
pongamos de moda el verano entre las piernas.

Pero te conozco y sé que volverás tarde o temprano
como tantas otras veces
cuando a tu orgullo le toca admitir
que no tiene tanta fuerza como creía.
Volverás rota y cansada, confundida
como una niña asustada en mitad del bosque.
Entonces te miraré, como el lobo que soy,
y te guiaré de vuelta a casa
donde como aquellas veces anteriores
te devoraré el miedo,
la inocencia y el remordimiento.

Si preguntas por mis ojos tan grandes,
te diré que son para ver mejor la nostalgia;
si me preguntas por mis manos tan grandes,
te diré que es para sujetar mejor el futuro;
si preguntas por mis orejas tan grandes,
te diré que es para oír mejor tus dudas;
si me preguntas por mi nariz tan grande,
te diré que es para rastrear mejor tus pasos.

Comprenderás de ese modo que no existen
las casualidades en los encuentros.
Todo este tiempo he sido yo buscándote,
dirigiendo tus pasos de vuelta,
porque si bien es cierto que te has ido,
la otra verdad que existe en esta historia
es que cuando dos se echan de menos
sin decírselo a la cara
tarde o temprano volverán a tenerse
y comprenderán que nunca debieron irse.

Pero a quién vamos a engañar, querida.
A nosotros siempre nos gustó complicarnos la vida.
No viviremos felices para siempre,
pero viviremos, que es lo mejor.
Será increíble
y a nadie más debería importarle.

Esa belleza que duele

Eres un punto en la pared,
eres la sombra de un árbol,
la sequía de besos que
hace tiempo embarga a mi boca.

Eres el matiz floreciendo en esta mañana triste,
el precio más alto de sobrevivir a la nostalgia,
el fuego que no consigue acallar esta lluvia,
la lluvia que termina ahogando a mi alma.

Podría pedirte que vuelvas, sin embargo,
me caen mejor tus fantasmas que tus manos;
podría decir que te extraño, pero prefiero
reconciliarme con el dolor de tu recuerdo.

Fracasar es amarte y decir que te he olvidado;
amar es odiarme sin mentir porque te quiero.

Te quiero de tantas formas que ya el vocabulario
se me ha quedado corto para describir este deseo.
Te quiero para arrancarle un poema a tu boca,
tanto como para arrancarle un gemido a tu garganta;
te quiero para abrazarte en un atardecer de invierno,
tanto como para desnudarte en una noche de verano.

Te quiero fuerte, te quiero débil,
con luz y sombra y a escala de grises;
te quiero encima, te quiero debajo;
a la altura de mi boca, pero también de rodillas.

Así esta ansia de quererte, de echarte de menos,
de no admitir que mis promesas fueron de aire
y que el aire se fue contigo.
Será por eso que siento que me ahogo
cada vez que pronuncio tu nombre sin permiso.

Te has convertido en un recuerdo gélido,
que tapiza esta residencia de varios pisos de tristeza,
cada uno con una fotografía tuya,
donde además de sonreír eras feliz,
donde además de feliz lo eras conmigo.

Por eso escribo vertientes de sangre y palabras,
ya sin saber si odiarte por echarte de menos
o echarte de menos por lograr que te quiera.
Solo sé que faltas y esa ausencia se prolonga
desde las noches más profundas
hasta el día más espléndido;
faltas y las canciones se suicidan.

Tenías que saberlo.

Nunca nadie ha sabido abarcar tantos rincones,
desde un punto en la pared hasta la totalidad de mi vida,
pasando por la sombra de un árbol,
esta sequía de besos desesperados
por recordar el sabor de tu lengua.

Es invierno, creo que se nota.
Nunca soy feliz en los inviernos,
quizá por eso me gustan tanto.

Magia negra

Debía de ser trece aquel viernes de octubre
en que las calles eran espejos de lluvia y frío.
Un día de lluvia, quién lo diría,
como si la muerte hubiese decorado las calles.

Te llevaba en mi cartera, dentro de una fotografía
que rescaté del último incendio de mi olvido.
La gente corría espantada, aún sin ser consciente
de que todo el temporal había sido tu culpa.
No les dije que esa era tu forma de dolerme,
de hacerte presente en esta ciudad embrujada,
de sellar tu ausencia con un hechizo
de espantar a todos porque a ti siempre te gustó
ser la protagonista de las tormentas.

¿Sigues teniéndoles miedo a las tarántulas
o de eso también te olvidaste?
¿Qué tal tu claustrofobia
a los seis metros cuadrados de mi cuarto?

La luz… cómo explicarte…
la luz no ha podido olvidarte tampoco
y así sin que no estés
sigue proyectando tu sombra en las paredes.

Los libros de magia con tu nombre
están llenos de polvo y telarañas;
la última vez que los abrí
me provocaron pesadillas por semanas.

No sé si quererte, pero echarte de menos
ya no tiene ningún antídoto.

Y así sin poder recordarte del todo,
así con tu foto en mi bolsillo,
así con tu risa sonando de fondo,
te confieso que
el único motivo por el que resisto
es por la esperanza de verte algún día,
vestida de negro o de vida,
para desvestirte con mis manos o mi boca.

Para que tu lengua y la mía bailen
al sinfín de esa nota aguda
a la que suena el infinito;
para que tus caderas les den vida
a las flores muertas de las macetas;
para que tus piernas se crucen con las mías
en el sueño noctámbulo de la gloria.

Yo vivo todavía, por si acaso.
Vivo por si quieres matarme
asfixiándome entre tus piernas,
vistiendo de sábanas los cuerpos
de todas las mujeres que fuiste conmigo,
de ninguna mujer que se quedó a mi lado.

Vivo por si te es insuficiente el sudor
y quieras mi saliva
rodeando la isla de tu pubis.

Te recuerdo de tantas formas,
de tu tararear ausente cuando estabas triste,
de tu fumar tabaco en la terraza,
de tu bailar formando círculos
sentada sobre mi cuerpo.

Te recuerdo de tantas formas,
sin poder recordarte por completo.

Y aunque te dediques a perseguir sueños
que no conocen ni tu nombre,
aunque me quieras olvidar
bajo la sombra de cualquiera,
aunque beses otras bocas
y otros horizontes
te prometan futuros de playas,
quiero que sepas, querida mía,
querida de nadie,
que soy el único hombre que se conoce
todos tus misterios y secretos
y que sigue creyendo, pese a todo,
que eres lo mejor que le ha pasado
a esta ciudad de ruinas y escarcha.

Clava el puñal en estos huesos,
ya no profanes tumbas de recuerdos;
vente con todas las heridas que te hiciste
por jugar a la ruleta rusa con la tristeza.

Ven cargada de inseguridades,
ven con tus complejos, con tus miedos,
ven con tus oscuridades tormentosas,
con tus silencios pestilentes de tierra removida.

Ven.

Aquí los dos nos resguardaremos de la tormenta.
Será cruel y sucio, como la vida misma.
Pero también real y vivo,
como ese cielo
con el que sueña la muerte.

Inventario interior

Estoy hecho de todas las despedidas que no di,
de las palabras que me robaste con una sonrisa,
de mis manos echando de menos tu cintura,
de las mentiras que me digo mirando al espejo.
Estoy hecho de naufragios inducidos
por faldas cortas callejeras;
estoy hecho de películas para adultos
que protagonicé en mi mente
al imaginarte desnuda.

Estoy hecho de pasos sin gracia
sobre pistas de baile vacías,
estoy hecho de recuerdos amargos
sobre heridas de sangre aún llenas.
Estoy hecho de retazos de lo que hicieron
todas las mujeres a las que quise,
estoy hecho de promesas incumplidas,
de pasajes de avión sin aeropuertos,
de vacaciones a Máncora sin turistas,
de despedidas que todavía me queman.

Pero también estoy hecho, querida,
de esa esperanza que todavía guardo,
en el interior de una caja fuerte
que no pudieron robarme.

Estoy hecho de palabras
que son mejores que yo en todo sentido.
Estoy hecho de las veces que te he querido,
de los malos ratos que procuraré evitarte,
de urbes y playas amables,
de la paz que no te dieron.

Estoy hecho de miedos, como todos,
pero también de determinación, como pocos.
Estoy hecho de inteligencia y simpatía, como te gusta,
pero también de perversión y ternura, como te encanta.

Estoy hecho para darte (y no hablo de los buenos días),
y también para recibir (y no me refiero a las gracias).

Estoy hecho para ver atardeceres en tu espalda,
estoy hecho para cicatrizar las heridas de tu boca,
estoy hecho para acompañarte, aunque me alejes,
estoy hecho para huir de ti, aunque me llames.

Estoy hecho de todo esto y lo que no te he dicho.
Estoy hecho de lo que guardo porque quiero
que sólo tú descubras el tamaño de este futuro
que hay detrás de mi silencio.

Descúbreme,
atrévete,
deja que mis palabras te toquen.

Me gustas

Me gustas, pero no me gustas para pasar el rato, tampoco para un par de meses, ni para una noche, ni para un beso. Me gustas, no para soñar ni abstenerme, no para andar a la defensiva como aquel que piensa que el amor hace tiempo que pasó de moda. Me gustas de otro modo, de un modo casi extinto. Me gustas como para bebernos el mundo, viajar a pueblos lejanos, conocer todos los lugares donde te encanta que aterricen mis besos. Me gustas para las primeras veces, para hacer realidad las ilusiones. Me gustas para descubrirte, para estrenar sentimientos, para ver si es cierto eso de que dos pueden ser locos juntos. Nunca pensé que algún día alguien iba a despertar estas palabras en mi alma, pero aquí te tengo, como un deseo cumplido que no sabía que necesitaba. Eres una buena noticia, un milagro precioso. Me gustas y no pienso dejarte ir como si tu vida no fuera tan valiosa como para dedicarte la mía. Quédate esta y otras noches. Tú haces que los días sean un viaje al que le sobran los paisajes.

Una mancha en la pared

Supongo que estoy algo cansado. De la trivialidad, del tiempo rutinario, de las personas con máscaras. Supongo que me agobia un poco existir como una mancha en la pared: la huella que alguien dejó y nadie limpia. Supongo que no he barrido aún el polvo de los escombros emocionales, la basura del tiempo, el despojo de un instante que sólo yo me empeño en recordar. Supongo que estoy un tanto incompleto, como alguien que olvidó su segundo nombre por tantos años de desuso. Supongo también que tengo miedo. De querer, de ser querido, de estar al alcance de un suspiro. Supongo que al final mis decisiones han terminado por ahogarme, y las consecuencias se tornan ineludibles. Sé que voy a morir por el impacto, y aun así salto. Pero el abismo sólo es una tiniebla acuosa, sin paisajes velados, siquiera. El abismo es un vacío y el salto no tiene ningún mérito de heroísmo. Caigo como cae una hoja en el otoño, o como se rinden al viento las palabras, y se van lejos, adonde nadie pueda volver a escucharlas o devolverles algún significado. Caigo porque estoy algo cansado, casi agobiado de existir como esa mancha: un error que nadie se empeña en corregir.

Una huella imborrable

Tú siempre vas a leerme, independientemente de dónde te encuentres. Me leerás en cada mirada que te devuelva el reflejo de mi recuerdo; cuando alguna canción te encuentre absorta y en silencio y te recuerde que hay sombras en el alma que ningún sol podrá disipar. Vas a leerme a escondidas y en calma, saboreando cada palabra y cada frase como si se hubiesen convertido en el cáliz de una nostalgia con sabor a posibilidades muertas. Vas a disfrutarme sin admitirlo, porque todos tenemos gustos culposos. A mí me gusta escribirte sintiéndote lejana y a ti pensarme, aunque no puedas tenerme. Y así pasarán los meses y los años, vendrán otros hogares y otros futuros, y nunca saldrá de tu boca una confesión con mi nombre, pues te conozco más de lo permitido como para saber que en ti soy una huella imborrable. Lo sé porque he roto todos tus límites, incluso los del tiempo, porque aunque a veces me abandones de manera indefinida, al final siempre vuelves para recordarte que soy como esos libros que se abren camino en tu interior y se quedan ahí hasta amoldarlo a su propia esencia, conviviendo con tus anhelos inconfesables, ocupando un espacio al que tarde o temprano acudes de manera inevitable para confirmar de ese modo que nuestros caminos siempre van a cruzarse, aunque ahora estemos más separados que nunca.

Europa

Si para recordarte tengo que remontarme al adiós, trataré de buscarte en la parte menos dolorosa, en la que pude contener por un instante tu voz hablándome, tan serena y directa, como un fuego que se abre paso entre las vísceras muy lento, devorando. No pude soportar tanto, es cierto, y por eso te pido perdón ahora, irónicamente, cuando ya no puedes oírme. Antes fui muy cobarde. No pude aceptar que ninguno de tus caminos cruzaba por el mío, no pude creer que tus manos me habían soltado, que tu piel era una máscara en sí misma, que la Europa de tus sueños no contemplaba mi existencia, que las postales de aquellas cartas fueron las calles de una vida que creías perdida para siempre, y que hallabas en mis ojos un ápice de esa esperanza que te faltaba. Por eso tal vez me quisiste, por eso me hablaste de tus sueños, de nosotros, como quien le lee a un niño su cuento favorito. Querías que te ayudara a ser la mujer que fuiste, quitándome el hombre que me costó ser.

Hoy no estás y es imposible no pensar, no recordar cuando no dolías, en esas noches lejanas y bellas, en las que el silencio lo sepultábamos bajo el desliz melódico de un millar de besos, guiados por esa simbiosis del amor y el deseo, cuando el final se veía lejano y difuso. ¿Cómo encuentra el final su cabida en una historia? Supongo que con la complicidad de uno de los protagonistas. Un día de pronto ya no encontré ese brillo precioso en tus ojos, como si tus sueños se hubiesen fugado, robándote la vida que ya nunca ibas a compartir con nadie. Fue inevitable preguntarme, entonces, si acaso yo nunca estuve en esos sueños, si acaso en tus planes mi nombre no ocupaba una línea, un instante.

Te vi escapar con el invierno, dejando tras de ti muertos de frío los campos donde alguna vez florecieron las palabras que ahora la poesía ya no recuerda.

Nadie sabrá que te quise con ese ímpetu que desafiaba a los kilómetros. Nadie sabrá que escribí libros invisibles inspirado en esa forma que tenías de verme cada vez que lograba sacarte una sonrisa. Nadie sabrá que me enseñaste a quererte a tu modo, que me dejaste contemplar la parte de tu desnudez que nunca te molestó mostrarme, pero que jamás me permitiste ir más allá de tus límites, que no me diste un camino, y que al buscarlo por mi cuenta me detuviste. ¿Tuviste miedo de ser querida hasta lo sumo, o el miedo fue la prevención de un daño inminente? Me lo he preguntado hasta la saciedad y no hay respuesta.

Ya no te preocupes por mí. He aprendido que, aunque se va aquel que ha dejado de querer, quien se queda tarde o temprano seguirá el mismo camino. Por ahora me quedo en este lado del mundo, escribiendo cartas y añorando, perpetuando la falta de motivación, alargando las horas, sin aceptar tus engaños, muriendo sin morirme del todo, por vivir un minuto más en la vida de tu recuerdo.

Y aun cuando Europa no exista y las playas de las postales sean imaginarias, aun cuando tu piel sufra de alzhéimer y la mía no acepte que fuiste mentira, aun cuando el pasado se nos refleje en la mirada y logre escaparse por alguna lágrima, he de ser fuerte por ambos, porque una vez me enseñaste que en la vida de vez en cuando hay que llevarse contusiones en los sueños.

No olvidaré las cosas que aprendí contigo: a no dar demasiado, a esperar el tiempo correcto, a no apresurarme porque lo que inicia rápido, rápido termina. Te echaré de menos, de eso estoy seguro. Y cuando me encuentre en ese estado trágico al que nos arrastra el vacío y la nostalgia, te buscaré en mi excursión a la memoria, para extraer lo mejor de ti, lo que me entregaste y que le dio sentido a mi vida, eso es algo que te agradeceré siempre, aunque mi vida ya no sea la misma, aunque tú ya no estés en ella.

Querida amiga, querida amante

Tal vez algún día vuelva a verte… ojalá.
Tal vez en los entresijos
de una vida de tenues silbidos,
o tras el llanto que se oye
bajo el puente de los suicidas románticos.

Tal vez.

Es posible que te vea volver con los besos marchitos,
o con los árboles que abandonaron
sus sombras en aquel abril lejano.

Tal vez en las fotografías que aún guardo en el móvil,
encerradas con el secreto de la complicidad
que alguna vez nos juntó entre cuatro paredes.

Tal vez te vea reír de ignorancia,
reír de olvido,
reír de no saber quién soy,
reír de no recordar mi nombre.
Tal vez te vea llorar de impotencia,
de no poder cambiar el pasado,
de —quién sabe— echarme tanto de menos.

Tal vez vuelvas con tus caricias,
con tus sonrisas pendientes,
con tu cabello tan suelto y perfumado,
con tus manos abiertas que entrelazan.

Tal vez tu deseo de girasoles
no haya abandonado tu memoria
y vuelvas a por las promesas que te debo,
a por los viajes de los que hablamos.
Tal vez vuelvas solo para llevarme contigo,
para huir tan lejos como en tus sueños…

Tal vez, querida amiga,
querida amante de portales fugaces,
vuelvas a decir que me quieres
en mitad de los latidos apresurados
de dos corazones que se besaron tanto
hasta dejarse tatuajes en el alma.

Lo cierto es que aunque no vuelvas,
aunque haya admitido tu partida sin retorno,
aunque me vista con las caricias de otras manos
y mis ojos hayan memorizado la silueta
de tantas sonrisas en bocas dispersas...

Lo cierto es que aunque te haya odiado
por haber cambiado mis años de confidencias
por dos meses de aventura,
aunque te haya maldecido tantas noches
y hayas sido la causante
de mi conversión a cadáver viviente,
de aquel que vive a rastras por la inercia,

en el fondo sé que te sigo esperando,
en el fondo sé que no podré olvidarte,
querida amiga, querida amante.

Vuelve por tus girasoles,
por los pasajes de avión a lugares lejanos;
vuelve para que el mundo nos perdone,
nos vea felices sin entender el motivo,
vuelve para no dar más explicaciones,
vuelve a por tus secretos compartidos,
vuelve a por los dos que duele extrañarte,
querida amiga, querida amante.

Al final

Y si al final
—hablo del final definitivo—
nunca tuvimos eso que llaman «lo nuestro».
y solo fue la ilusión óptica de la ingenua necesidad
que nos dictaba querernos
por el solo hecho de sentirnos menos solos,
porque llevábamos mucho tiempo tristes,
tan monocromáticos,
perdidos
en la infinidad de esta ciudad tan sucia...

Y si al final —hablo del final determinante—
yo intenté quererte para hacerte feliz,
porque sabía muy bien
que tu felicidad era también la mía.

Y si al final —hablo del final que duele—
tú te fuiste porque no fui suficiente,
y al buscar un cielo nuevo,
tus alas no pudieron llegar tan alto,
porque te acostumbraste a mí,
a mi forma de fracasar
intentando hacerte reír.

Me fui alejando, entonces,
hasta convertirme en una isla diminuta,
en ese horizonte donde pesa más
la ausencia que el silencio…

Porque, aunque estés lejos,
debes saber que te sigo oyendo,
debes saber que todavía tu voz
me canta tan rota y conmovida,
diciéndome que me echas de menos,
diciéndome que ojalá, al final,
—y hablo del final que nos atormenta—
te hubieses quedado conmigo.

Fin del mundo

Todo lo que vemos ha de extinguirse, todo lo que tocan tus manos se habrá marchado un día. Si lloras, si ríes, a nadie terminará importándole, de aquí, a unos cuantos años. ¿Por qué el afán de estancarnos? Las emociones, los sentimientos, tienen también su otoño, y se deshojará la belleza que ahora los ampara. Querrás huir de ellos, como solemos huir del frío, aquellos que decimos que nos gusta el invierno. Y es que, algún día, serán unos párpados ajenos quienes sostengan las pestañas que dejamos caer al desvelarnos por alguien que sueña con otro. Acabarás por darte cuenta, estoy seguro de eso, por tal motivo no menguo en lo que plasmo en esta carta.

Nada dura para siempre, ni la ilusión más sincera, ni el trabajo duro de un padre que se sacrifica; nada permanece firme, ni la convicción de un recuerdo, porque no somos dueños ni de nuestro pasado. Ya lo decían los sabios, ya lo profetizaron los iluminados: el fin del mundo es inminente y las torres terminarán cayendo; las ideas, los fuertes, incluso los planes que se sellaron debajo de la mesa. Por eso mismo habrás de ser valiente, no para evitar lo inevitable, sino para aceptar lo que viene. Habrás de cambiar tanto y tantas veces, que al mirar al pasado te preguntarás por qué tu mirada no es la de ahora.

Todo lo que te escribo no es más que el fruto de mi propia experiencia, porque yo también crecí un día creyendo en las cosas y terminé cambiando al punto de ya desconocer al que era; también me hice las mismas preguntas, también deseé un mañana florido y terminé por aceptar los árboles deshojados, la lluvia de una belleza que se muere, el dolor que echa raíces en las sonrisas que alguna vez fueron mías. Es ley que cuando se vive en la ingenuidad vemos al mundo como debería ser, pero cuando se abre esa brecha crítica en el alma y un bagaje de experiencias nos quita la venda de los ojos, comenzamos a ver el mundo como realmente es. Pero si no fuese por aquel dolor que significa ver la vida con sus propios colores y matices, no entenderíamos el verdadero valor de las cosas. Te va a doler saber que somos efímeros, que todos los años que vivimos son un suspiro del tiempo, que nuestra memoria resulta fugaz contra las décadas, que ni siquiera nosotros somos capaces de recordar a quienes alguna vez les prometimos que los íbamos a tener presentes todos los días de nuestra vida. Y no te culpes.

Todos también van a irse: los de las promesas, los de los momentos, los del cariño, los que decían que no iban a dejarte, porque ellos también tienen su mundo y su mundo acabará por destruirse. La soledad es quien al final nos recibe, sabiendo que la muerte nos ha declarado una guerra cuyo final es evidente y, antes de que amaine el fuego de tu alma, tendrás que saber que luchar valdrá la pena. Luchar por aquellos que amas, dar tu vida por lo que crees correcto. Sí, va a acabarse, en unos años ni siquiera van a saber que viviste, pero hasta que ese momento llegue deberás invertir tus fuerzas por ver felices a aquellos que demostraron merecer tu esfuerzo, hasta conseguir que la esperanza brille en la ausencia de la derrota, hasta conseguir que la paz reine en un mundo que también ha de marcharse.

El peso del vacío
se terminó de imprimir en enero de 2023
por encargo del Grupo Editorial Caja Negra.
El tiraje fue de 500 ejemplares.

Printed in Great Britain
by Amazon

38175334R00162